Georges d' Heylli

Extraction des cercueils royaux à Saint-Denis en 1793

© 2024, Georges d'Heylli (domaine public)
Édition : BoD • Books on Demand GmbH, In de
Tarpen 42, 22848 Norderstedt (Allemagne)
Impression : Libri Plureos GmbH, Friedensallee
273, 22763 Hamburg (Allemagne)
ISBN : 978-2-3225-4383-0
Dépôt légal : Août 2024

A MADAME RUE
HOMMAGE DE RESPECTUEUSE AMITIÉ

GEORGES D'HEILLY.

AVANT-PROPOS

LE SAINT-DENIS DE M. VIOLLET-LEDUC

L E Saint-Denis de M. Viollet-Leduc — terminé — sera certainement le plus beau titre de gloire de ce savant et habile architecte Il ne faut point se dissimuler qu'il a entrepris la tâche la plus difficile, la plus délicate et en même temps la plus considérable qu'aucun architecte ou homme d'art de ce temps-ci ait tenté de mener à bonne fin. Rendre à nos yeux le Saint-Denis primitif, le Saint-Denis de Suger et de Saint-Louis, le Saint-Denis absolument complet, tel que l'avait trouvé la Révolution à la veille de la dévastation des caveaux où gisaient ensevelis les restes de la monarchie française, M. Viollet-Leduc n'a pas entrepris moins que cela ! Il s'est pris d'une belle et noble passion pour la basilique amoindrie, il a recueilli, partout où il a pu les retrouver, les richesses arrachées à ses murs et à ses tombes ; il a réuni et fouillé tous les documents, tous les plans, tous les livres qui pouvaient retracer à ses yeux et livrer à ses investigations les indices certains d'un passé si violemment disparu, et il s'est mis héroïquement à l'ouvrage avec des ressources relativement restreintes et qui n'ont pas toujours permis un travail sans interruption [1].

Il ne s'agissait pas seulement de réédifier, de replacer les tombeaux où ils étaient, les colonnes où on les avait arrachées, les statues où on les avait brisées. Il fallait avant tout et surtout détruire les embellissements maladroits apportés par les gouvernements antérieurs, qui n'avaient point compris la restauration de l'église au même point de vue, et qui au contraire avaient voulu coûte que coûte et de n'importe quelle manière, en hâter le rétablissement et l'achèvement en poussant les travaux au point où M. Viollet-Leduc les a trouvés. C'est à cette soi-disant restauration que nous devons l'église royale de Saint-Denis, bien connue de tout le monde, et si souvent visitée pendant les règnes de Louis XVIII, de Charles X et de Louis-Philippe. Cette église admirable, dont le splendide vaisseau étonnait à bon droit nos pères par sa légèreté et son élévation, on avait haussé son sol de plus d'un mètre pour la rendre, disait-on, moins humide ; ses vitraux disparus, on les avait remplacés, sous le dernier règne, par cette longue série d'absurdes portraits de rois et d'abbés d'une ressemblance contestable et d'une médiocrité incontestée ; ses tombeaux enfin, on les avait placés tant bien que mal dans une crypte obscure, où ils n'avaient jamais été, et où l'humidité en même temps que l'indiscrétion des visiteurs auraient en peu d'années consommé leur complète détérioration. Nous les avons tous vus ces grands cénotaphes royaux, ces tombes magnifiques, ces bustes, ces statues, ces colonnes, tous rangés en lignes dans un ordre chronologique absolu, catalogués historiquement et souvent à faux ! Nous avons vu surtout introduits parmi eux des bustes et des statues de princes et de personnages qui n'avaient jamais été inhumés à Saint-Denis, et dont la présence au milieu de ces vénérables tombeaux était un mnsonge officiel qui trompait le public en dénaturant l'histoire.

Détruire et restaurer, tel a été le point de départ du travail immense entrepris par M. Viollet-Leduc. Allez voir aujourd'hui à Saint-Denis cette intelligente et magnifique restauration parvenue à un degré d'achèvement qui peut permettre de la juger déjà tout entière. Contemplez autour de vous et de toutes parts ces grands tombeaux échappés comme par miracle aux iconoclastes de 93, et rétablis dans leur place primitive. La voilà bien cette royale nécropole, brillante de sa nouvelle beauté, parée comme aux plus grands jours de sa glorieuse histoire ! Voyez dans le passé, comme dans un rêve, une de ces cérémonies funèbres dont l'une, encore présente à la mémoire des contemporains, — l'enterrement de Louis XVIII, — avait reproduit les moindres circonstances et les antiques détails ; suivez pas à pas le lugubre cortége depuis l'entrée de l'église jusqu'à la porte du caveau royal, à droite du grand autel ; debout devant l'ouverture béante où le roi mort va tomber dans l'éternité, voici les hérauts d'armes, tenant à la main le gantelet de fer, l'épée de combat et l'oriflamme de bataille, qu'ils vont jeter successivement sur le cercueil du roi, lequel attendra là, à l'entrée de la funèbre salle où ses aïeux royaux l'ont devancé, que son successeur, qui règne à peine encore, vienne le pousser à sa place, pour attendre à son tour qu'un autre lui rende un jour le même office ! [2]

Je voyais tout cela dans un de ces derniers jours d'hiver où l'église, assez sombre, semblait remplie de fantômes blancs et noirs, et où ma pensée errait rêveuse au milieu de ses tombeaux. J'étais descendu aussi dans la crypte ; j'avais vu le caveau royal où dorment du sommeil éternel quelques-uns des membres bannis ou assassinés de la famille des Bourbons ; au travers du grillage, à la lueur vacillante d'une chandelle fumeuse, j'avais aperçu le cercueil du dernier roi, qui avait attendu, lui aussi, mais en vain, son successeur Charles X, oublié dans l'exil. Je voyais ce cercueil qu'on a replacé auprès de celui de Louis XVI pour édifier le caveau impérial, ce cercueil délabré dont le velours, usé et pourri, tombe en lambeaux dans l'humide et impénétrable refuge ; et je songeais qu'avant lui cinquante rois, cent princes, cent princesses et vingt reines étaient venus aussi dans la funèbre église pour y trouver le repos de la mort.... et que de tant de dynasties qui s'étaient crues immortelles, de tant de grandeurs illustres qui l'avaient précédé là même où je le voyais, il était le seul roi mort sur le trône qui fût alors à Saint-Denis, à côté des restes douteux de son frère guillotiné, de sa belle-sœur guillotinée, et entouré des cercueils de ses tantes mortes en exil, de son neveu assassiné et de ses deux petits neveux morts au berceau !...

Aussi, en quittant la crypte, quand on remonte dans l'église haute, que le grand jour éclaire, et qu'il éclairera beaucoup plus encore et beaucoup mieux lorsque M. Viollet-Leduc aura rouvert toutes les baies magnifiques maladroitement replâtrées et rebouchées, on se sent moins impressionné. On n'a plus réellement la mort devant soi. Toutes ces tombes, qui ont abrité les corps mêmes de nos rois, sont vides aujourd'hui et ne recouvrent plus rien que le sol. On admire ces monuments magnifiques illuminés par le soleil ; mais on se promène au milieu d'eux sans émotions et presque sans souvenir. Toute cette foule de visiteurs empressés sait bien qu'elle n'est point dans un sépulcre, que ces tombes sont vides, que la plupart même sont refaites, et que les cendres de Dagobert, aussi bien que celles de Henri II, ont été dispersées au vent et leurs corps brûlés dans de la chaux.

Le vice irrémédiable de cette magnifique restauration est là tout entier ; l'église royale n'est plus une église, ni une nécropole, ni un lieu de tristesse et d'impression pour l'immense majorité du public indifférent qui la visite : c'est un musée. Elle vient voir là, cette foule oisive et curieuse, la représentation du passé, comme elle va voir au Louvre les vieux vases et les vieux tableaux. Elle visite aujourd'hui les tombes rétablies de nos rois sans plus de souci qu'elle va regarder au musée Égyptien les longs coffres vides qui ont contenu les momies des souverains de l'Égypte. Elle s'étonne, elle admire, elle s'extasie, mais elle part calme et souriante, comme elle est venue, sans que son imagination préoccupée voyage dans le passé mort pour le reconstruire et le vivifier. M. Viollet-Leduc n'y peut rien, et l'éclat même de la restauration de l'église lui donne plus encore le caractère que je viens d'indiquer. Ces tombes neuves, ces vitraux neufs, ces chapelles neuves, ce ne sont ni les chapelles, ni les vitraux, ni les tombes du vieux temps, ce sont ceux de M. Viollet-Leduc ! C'est la différence, en un mot, qui existe entre une copie admirablement réussie et un original introuvable.

Mais je ne viens pas diminuer le mérite de la tentative de M. Viollet-Leduc ! Comme vérité historique, comme représentation scrupuleuse et exacte du passé, le Saint-Denis terminé sera certainement la merveille archéologique de ce temps-ci, qui a vu tant de restaurations et tant de renouvellements ! Ce sera un vieux Saint-Denis tout neuf, un catalogue de pierre qui nous dira : « Ici était le tombeau de tel roi ; là dormait telle reine ; voici la place qu'occupait Duguesclin dans la royale nécropole !.. » Certes, cela vaudra mieux qu'un plan sur le papier avec un catalogue imprimé ! Mais qu'on ne dise point : « C'est Saint-Denis restitué ! Vous êtes dans le Saint-Denis royal de nos pères ! » Je vous répondrai une fois encore : « Je suis dans le musée du Saint-Denis magnifique, splendide et admirable de l'habile M. Viollet-Leduc ! »

Ce qui prouve d'autant mieux ce que j'avance, c'est que depuis bien longtemps Saint-Denis n'est presque plus une église [3]. M. Viollet-Leduc a même dû en construire une nouvelle à l'autre bout de la ville pour y célébrer les offices, incélébrables dans la cathédrale. L'envahissement de la foule curieuse a chassé les chanoines du sanctuaire, et depuis plus de cinquante ans ce qu'on appelle le chœur d'hiver est devenu pour ces messieurs le chœur de toute l'année. Il est à droite en entrant dans l'église, fermé à tous les vents, étroit, assez mesquin, bien qu'on ait voulu reproduire dans son ornementation quelques-unes des décorations de la Sainte-Chapelle, et on peut dire aussi presque inaccessible au public à cause de son exiguïté et de son insuffisance. C'est là que se sont réfugiés messieurs les chanoines, autant pour éviter le froid que pour suivre en paix les offices, loin de la foule bruyante et remuante qui visite les tombeaux.

Il y a quelques années, j'étais venu à Saint-Denis avec le désir d'assister à l'une des cérémonies célébrées par ces vétérans du sacerdoce, et que je me figurais magnifiques. On lit en effet ce qui suit dans le budget de l'État :

Chapitre impérial de Saint-Denis.

10 Chanoines-évêques à 10,000 fr	100,000 fr.
18 Chanoines du 2e ordre à 4,000 fr.	72,000
Traitements des diacres, sacristains, chantres, aides de chœur	20,600

Frais de maîtrise et entretien des enfants de chœur	3,560
Huissiers, suisses, etc	5,900
Frais d'entretien du matériel et des ornements, et menus frais	<u>8,940</u>
	211,000 fr.

J'avais pensé, dans ma naïveté, qu'à ce prix-là on devait célébrer à Saint Denis des messes brillantes de splendeur et de magnificences ; je voyais déjà ces dix chanoines-évêques, la crosse en main et la mitre en tête, suivis de ces dix-huit chanoines du second ordre, emplir de leur majesté le sanctuaire de la royale basilique. Je songeais à quelque cérémonie inusitée accomplie avec des traditions spéciales, et je me disais que, moyennant 24,160 francs pour frais de chœur et de maîtrise, et 14,840 francs pour ornements d'église, huissiers et suisses, etc., j'allais assister à l'une de ces pompes merveilleuses dont l'Église entoure parfois la célébration du culte. Quels ne furent pas mon étonnement, ma stupéfaction, mon ébahissement ! C'était l'heure de la messe ; le sanctuaire était vide, et je ne pus entendre l'office que dans ce petit chœur d'hiver dont je viens de parler ; d'évêques, de crosses et de mitres, pas le moindre vestige ; trois ou quatre chanoines, épars dans les stalles nombreuses, suivaient benoitement la messe, qui était célébrée de la manière la plus simple, la plus ordinaire et la plus usitée.

J'interrogeai le suisse ; je voulais au moins voir un évêque du chapitre impérial. J'appris que ces prélats ne sont pas tenus « à la résidence », c'est-à-dire qu'ils ont le droit d'habiter Castelnaudary ou Boulogne-sur-Seine, aussi bien que Saint-Denis, si cela leur plaît, et d'exercer ainsi leurs fonctions à distance. Messieurs les chanoines du second ordre seuls sont obligés d'habiter la ville, et ils ne peuvent s'en éloigner qu'avec une autorisation. Il est vrai qu'ils n'ont que 4,000 francs de traitement pendant que messieurs les évêques en ont 10,000 ; et sans doute la prescription qui les oblige « à résider » a pour but de les forcer à faire des économies malgré eux.

La restauration actuelle ne satisfait pas complétement messieurs les chanoines, car il est évident que Saint-Denis terminé sera beaucoup plus visité encore que Saint-Denis en cours d'exécution. Il se peut aussi qu'on oblige ces dignes prêtres à réintégrer le grand sanctuaire, où le froid les effraye, attendu qu'on doit démolir, dans un temps prochain, ce chœur sybaritique d'hiver, où il fait si chaud, et que la foule n'envahit pas. Cette démolition est dans le plan de restauration ; elle ne peut tarder d'avoir lieu, et nos seigneurs les évêques — chanoines à distance — doivent être les seuls à ne pas s'en inquiéter. Les chanoines à demeure, au contraire, sont très-émus des bouleversements au milieu desquels il leur faut vivre ; on change leur église ; le lieu de leur repos devient peu à peu l'endroit le plus fréquenté de la ville ; les promeneurs et les curieux se succèdent dans la basilique, ils la remplissent de leur bruit, de leurs causeries, de leur mouvement, et la quiétude de messieurs les chanoines est troublée au suprême degré ! Ils n'ont pas tous, tant s'en faut, l'enthousiasme archéologique bien fervent à l'endroit des restaurations actuelles, que quelques-uns qualifient même avec une sévérité qui n'est peut-être pas toujours exempte de prévention.

Toutefois, messieurs du chapitre impérial de l'église royale de Saint-Denis — et ici il faut s'expliquer un moment sur cette double qualification. Le chapitre est impérial ou royal — il pourrait même être national en cas de république — parce qu'il est nommé directement par le prince qui gouverne, qu'il soit empereur, roi ou président d'une république. Aujourd'hui, il est d'autant mieux impérial qu'il a été créé par un empereur. En effet, Napoléon Ier voulant remplacer les bénédictins de l'abbaye royale, qui avaient eu entre autres fonctions la garde des tombeaux et celle du trésor de l'église, créa un chapitre épiscopal, composé de dix chanoines ayant pour chef le grand aumônier de sa cour. Ces chanoines étaient choisis parmi les évêques âgés de plus de soixante ans, et que leur santé, leurs infirmités, ou tout autre motif valable obligeaient à se démettre de leurs fonctions épiscopales. C'est seulement Louis XVIII qui créa les chanoines du second ordre, qu'il obligea à la résidence fixe, car messieurs les évêques nommés par l'empereur résidaient alors, comme aujourd'hui, en beaucoup d'endroits, excepté à Saint-Denis, et le but de l'institution, établie en vue de la garde des tombeaux, était manqué, puisque, en l'absence de ces prélats, les tombeaux s'étaient jusque-là gardés tout seuls.

Donc, le chapitre est impérial, cela n'est pas à discuter ; mais l'église est royale. Elle a été créée par nos rois, elle les a reçus tous au seuil du tombeau, et la qualification de royale lui appartiendra dans les siècles. Elle n'était pas impériale sous Charlemagne, qui était empereur, non plus que pendant le règne de ceux de ses descendants qui le furent aussi, et dont elle a reçu les cendres. On ne change pas ainsi certains titres vieux comme le monde, nés dans les sources mêmes d'une nation et ayant vieilli avec elle. C'est une tradition qui a plus de dix siècles d'existence que cette royale dénomination ; elle est inscrite dans nos chartes les plus anciennes ; elle se retrouve à toutes les époques diverses de notre histoire, et il n'appartient à personne de la modifier. L'église de Saint-Denis est royale comme le palais de Richelieu, légué à Louis XIII, est le Palais-Royal ; comme la place, dite un moment des Vosges, est la place Royale ; ou comme la rue qui conduit de la Madeleine à la place de la Concorde est la rue Royale. La République de 1848 a pu changer tous ces noms sur les écriteaux publics ou dans son *Moniteur,* elle n'a pas empêché que le nom connu ne restât quand même à ce palais, à cette place, à cette rue ; et aussitôt qu'un gouvernement nouveau est venu débrouiller le chaos qu'elle avait fait, l'un de ses premiers actes a été de restituer ces vieux noms de l'histoire au palais de Richelieu et de Louis XIII, à la place des Vosges et à la rue dite un moment Nationale.

Je ne faisais donc pas un jeu de mots quand je disais tout à l'heure, le chapitre impérial institué auprès de l'église royale de Saint-Denis, car c'est là son vrai titre. Ces prêtres, qui tiennent leur mission de l'Empereur, gardent en son nom comme au nom de la France ce qui reste, dans ce Saint-Denis dévasté, des cendres de nos rois. Et s'ils ne sont pas très-partisans des travaux nombreux qui renouvellent l'antique basilique, ils l'aiment cependant assez pour se consacrer presque tous à son histoire. Messieurs les chanoines, à peu d'exceptions près, ont écrit ou écrivent l'histoire de l'abbaye ; mais la plupart ne publient point leur travail, qui n'offrirait d'ailleurs, je suppose, que le même genre d'intérêt, car, puisés aux mêmes sources, — celles que fournissent les archives de l'église ou la bibliothèque de Saint-Denis, Félibien, dom Doublet, dom Millet, dom Robert, Mad. d'Ayzac, M. de Guilhermy, et beaucoup d'autres, — ces divers travaux doivent se ressembler à peu près tous. D'ailleurs, il ne se trouve pas toujours d'éditeurs assez courageux ou aventureux pour se dévouer, à ses risques et périls, à une publication aussi hasardeuse.

L'un de ces messieurs a cependant publié, lui-même et à ses frais, en 1867, à l'occasion de l'Exposition, un volume relativement considérable — puisqu'il doit tenir lieu de catalogue — à l'usage des visiteurs de l'abbaye. J'ai eu entre les mains ce petit livre que vend une bonne femme installée dans une baraque de bois devant le portail de l'église. Il n'est pas possible qu'il serve jamais de « renseignements sur place » à un promeneur de passage, auquel le temps manquera toujours pour lire, devant les tombeaux de la royale nécropole, les pages nombreuses, et dont je suis bien loin de nier l'intérêt, que le savant chanoine leur a consacrées. C'est là ce qui manque précisément à Saint-Denis. Des livres comme celui que je cite peuvent être utilement consultés chez soi ; mais, pour en tirer quelque profit dans une visite à l'abbaye, il faudrait d'abord et avant tout le résumer soi-même par écrit et en extraire l'indispensable ; les trois quarts du volume subiraient ainsi l'amputation.

Je signale cette absence complète de renseignements imprimés à M. Viollet-Leduc. Il serait facile de publier un petit plan de l'église accompagné d'une explication rapide et intelligemment faite, qui permettrait au visiteur de se reconnaître dans la nécropole. Cela donnerait en même temps l'occasion d'enlever l'affreuse petite étiquette en bois blanc qui a été placée devant chaque tombeau, et qui n'est pas l'un des indices les moins frappants du caractère absolument musée que ne dépouillera jamais l'église, même après sa restauration définitive.

M. le baron de Guilhermy a publié sur Saint-Denis le travail moderne le plus complet et le plus intéressant qu'on puisse lire. Malheureusement, son livre est épuisé, et d'ailleurs il date de 1848. S'il était vrai à cette époque il ne l'est plus complétement aujourd'hui. Je voudrais toutefois le voir rééditer pour les documents curieux que contient sa deuxième partie, documents auxquels j'ai fait plus d'un emprunt pour le travail que j'offre aujourd'hui au public.

Le présent livre n'est pas une histoire de Saint-Denis ; c'est l'histoire seule de ses tombeaux que j'ai voulu écrire, en rattachant au souvenir de chaque roi quelques circonstances de sa mort et de ses funérailles. Je donne, d'après l'intéressant rapport du bénédictin Poirrier, augmenté et complété autant que j'ai pu le faire, le récit de l'extraction des cercueils de nos rois en 1793, et j'ajoute à ce travail tous les documents que j'ai crus de nature à intéresser le lecteur, relativement aux destinées passées et futures de la royale abbaye.

Le public avait accueilli avec faveur, il y a deux ans, la publication un peu sèche que j'avais alors faite du rapport de dom Poirrier ; je veux croire qu'il ne sera pas indifférent à la nouvelle édition que je lui donne de cette relation, qui est dans sa simplicité naïve l'une des plus dramatiques et des plus émouvantes lectures qu'on puisse faire.

GEORGES D'HEILLY.

Neuilly-sur Seine. janvier 1868.

[1] Aucun gouvernement n'avait fait autant pour Saint-Denis que celui de Napoléon III, sous le règne duquel aura eu lieu la restauration logique et

définitive de l'église. Le budget — exercice clos — de 1865 porte 179,565 francs pour les travaux de Saint-Denis.

2 Combien peu, malheureusement, parmi la foule des visiteurs, feront dans le passé cette promenade et ce rêve !...

3 Non, ce n'est plus un temple, puisque c'est même devenu un marché ! On y vend aux visiteurs des livrets soi-disant explicatifs et des photographies ; un tombeau même, celui de quelque Valois, sert de comptoir pour la vente et le trafic, et l'échange de la monnaie a lieu entre la tombe de Philippe-Auguste et le cénotaphe des fils de saint Louis !

LES TOMBES ROYALES DE SAINT-DENIS

PREMIÈRE PARTIE

SAINT-DENIS AVANT LA RÉVOLUTION

LA royale église de Saint-Denis doit sa véritable fondation à Dagobert et sa grandeur et sa fortune à l'abbé Suger. Dagobert fit reconstruire la primitive église, dont l'origine se perd un peu dans la nuit des temps, et que son caractère tout à fait légendaire empêche même de constater bien authentiquement. « La générosité de Dagobert, dit Henri Martin, brilla surtout envers le monastère de Saint-Denis ; il avait changé la petite et obscure chapelle du martyr parisien en une basilique éclatante de marbre, d'or et de pierreries, et il lui avait octroyé une multitude de terres et de *villas* situées en diverses provinces avec une partie des péages qui appartenait au roi dans le pays de Parisis [1]. »

Saint Éloi, dit-on, ce ministre-orfèvre, travailla lui-même de ses propres mains à l'embellissement de la basilique ; il cisela deux tabernacles, deux chaises [2] ornées de pierreries, et plusieurs autres merveilles qui ont été pillées lors des invasions qu'eurent à subir l'abbaye et l'église. Dagobert y fut le premier enterré et inaugura cette longue suite de rois et de reines, de princes et de princesses qui ont dormi à sa suite pendant douze siècles dans les caveaux aujourd'hui dévastés.

Pépin le Bref, vers le milieu du VIIIe siècle, commença la restauration de l'église, qui menaçait déjà ruine, et Charlemagne l'acheva et en fit une inauguration solennelle vers l'année 775.

Elle ne fut pas épargnée lors des invasions multipliées des Normands du VIIIe au XIIe siècle ; son trésor, ses richesses, ses merveilles précieuses furent pillés et dilapidés ; l'église elle-même fut ébranlée jusque dans ses fondements par ces furieuses attaques ; elle eut à subir, on peut le dire, le fer et la flamme de la part des envahisseurs, qui ne respectaient rien dans le pays envahi, et traitaient comme conquête et comme butin ce qui appartenait aux hommes « comme ce qui appartenait à Dieu ».

Suger, l'abbé, le grand abbé Suger, ministre et conseiller des rois Louis VI et Louis VII, entreprit de relever ces ruines et de rendre à l'église et à l'abbaye la splendeur qu'elles avaient eue sous Dagobert et sous Charlemagne. Il éleva le portail et les tours, le chœur et la nef, les chapelles, l'abside ; il plaça les vitraux admirables, — nous ne pouvons les juger que sur de bien minces vestiges, — enrichit le chœur de merveilleux objets d'orfévrerie et le trésor de présents inestimables. Il assista lui-même aux travaux, les surveillant, pressant les ouvriers, voulant en quelque sorte que la mort ne l'empêchât point de voir l'édifice terminé et d'en faire lui même une nouvelle dédicace. Il eut cette joie bien méritée, et par deux fois, en 1140 et en 1144, il put, dans de pompeuses et touchantes cérémonies, rendre à sa destination première l'église restaurée et enrichie [3].

Quand il mourut, — le 13 janvier 1152, — on lui fit, par les ordres et aux frais du roi Louis VII, des funérailles « d'une grande dépense » et d'une royale magnificence. Le roi suivit lui-même à pied, au milieu de ses conseillers et de ses prélats, le convoi de son vieux serviteur, dont il ordonna l'ensevelissement à Saint-Denis. Mais l'austère abbé avait indiqué lui-même, de son vivant, l'endroit qu'il voulait pour sépulture. Une niche, pratiquée sous l'une des arcades dans l'épaisseur du mur de la croisée, du côté du midi, entre la porte du cloître et la chapelle des Charles, reçut le cercueil de Suger. On ferma l'ouverture avec du plâtre et de la pierre, où l'on grava son effigie. Dans la restauration de l'église faite au siècle suivant, l'abbé Mathieu de Vendôme, voulant honorer la mémoire de Suger par un simple monument qui fût digne de sa modestie et de son humilité, fit exhausser à trois pieds de terre, au-dessous de l'emplacement du cercueil, une pierre tumulaire avec cette seule inscription :

Hic jacet Sugerius abbas.

Et cependant l'un de ses contemporains, qui admirait ses vertus, qui peut-être aussi les imitait, — ce qui est plus difficile et plus rare, — Simon Chèvre-d'Or, chanoine de Saint-Victor, avait composé en l'honneur du pieux ministre une épitaphe que je tiens à citer, d'abord parce qu'elle offre un véritable intérêt historique, et aussi parce que je la crois peu connue :

Decidit ecclesiæ flos, gemma, corona, columna,

Vexillum, clypeus, galea, lumen, apex,

Abbas Sugerius, specimen virtutis et æqui,

Cum pietate gravis, cum gravitate pius ;

Magnanimus, sapiens, facundus, largus, honestus

Judiciis præsens corpore, mente sibi.

Rex per eum cauté rexit moderamina regni

Ille regens regem, rex quasi regis erat.

Dumque moras ageret rex trans mare pluribus annis

Præfuit hic regno regis agendo vices.

Quæ dum vix alius potuit sibi jungere, junxit ;

Et probus ille viris et bonus ille Deo.

Nobilis ecclesiæ decoravit, repulit, auxit,

Sedem, damna, chorum, laude, vigore, viris.

Corpore, gente brevis, gemina brevitate coactus,

In brevitate sua noluit esse brevis.

Cui rapuit lucem lux septima Theophaniæ,

Veram vera Deo Theophania dedit [1].

Il avait donc, ce pieux abbé, rendu à l'église royale son lustre et sa splendeur ; il avait restauré le temple et renouvelé les solennelles cérémonies ; les rois lui devaient un tombeau digne de leur grandeur, et il avait ouvert à leurs descendants d'immenses caveaux funèbres où des générations de monarques, escortés des reines, des princes et des illustres personnages de leur époque, s'en allaient venir trouver l'éternel repos. Il avait fait plus encore, car il avait accompli l'acte d'humilité le plus beau et le plus grand qu'un homme, parvenu aux dignités qu'il occupait, pût accomplir sur la terre. Il commandait, il menait par sa volonté le royaume même de son maître ; il était, comme il est dit plus haut, en quelque sorte le roi du roi, et de son vivant il aurait pu se préparer une tombe fastueuse au milieu de ce Saint-Denis qu'il avait fait sien, et qui lui devait sa nouvelle jeunesse et sa nouvelle beauté. Il pouvait se placer parmi ces rois de l'histoire qui étaient moins grands que lui par le talent, par la vertu, par le génie ; sa tombe, confondue au milieu des leurs, eût été découverte bien vite par la reconnaissance et l'admiration des peuples, et elle eût éclipsé de son illustration magnifique toutes celles qui l'entouraient. Mais cet homme si puissant, il était né pauvre, il avait vécu dans l'humilité, il était mort humble devant Dieu, et il n'avait point voulu de monument pour tombeau.

Aujourd'hui sa tombe a disparu tout à fait, et rien n'indique, dans l'église restaurée de M. Viollet-Leduc, qu'elle y ait jamais existé. Une statue, une croix, une pierre, un nom, quelque chose enfin qui rappelle au passant qu'au XIIe siècle Suger a refait Saint-Denis, qu'il l'a rajeunie et consolidée : voilà ce que nous demandons en grâce à l'habile architecte, au nom de l'histoire et de la reconnaissance publique d'un pays qui sait honorer ceux qui ont fait sa grandeur, comme une réparation véritable bien due au pieux abbé. Que sa tombe obscure, ignorée, si ignorée même que personne n'a songé à la rétablir, reparaisse là où elle était jadis, afin qu'en parcourant l'église où l'on a la prétention de rétablir scrupuleusement le passé, le visiteur ne puisse pas se dire qu'on a omis précisément d'y consacrer la mémoire de celui qui avait droit à l'une des premières places.

Au XIIIe siècle, l'église, qui menaçait ruine une fois encore, fut réparée surtout par les soins pieux du saint roi Louis IX. L'abbé Eudes Clément, et après lui l'abbé Mathieu de Vendôme, réédifièrent ou consolidèrent les tours, l'abside et la nef, et, cette fois, si parfaitement et si complètement, que l'église que nous voyons aujourd'hui est à peu près la leur ; en tenant naturellement compte aux siècles qui suivirent des remaniements et des travaux d'embellissements divers qui modifièrent l'ornementation de l'édifice, sans altérer ses proportions ni ses formes.

Saint Louis a fait réédifier, pour sa part, les tombeaux des rois ses prédécesseurs. En 1263 et 1264, il fit replacer leurs restes sous les tombes uniformes supportant leurs statues couchées et toutes en pierre, dont quelques-unes sont parvenues jusqu'à nous dans un état de conservation à peu près complet. Il n'y a donc pas à Saint-Denis un seul tombeau antérieur à l'époque de saint Louis. Il faut encore remarquer que les princes qui lui succédèrent furent ensevelis soit sous des tombes de métal, soit sous des tombeaux de marbre blanc et noir. La pierre ne fut plus que très-rarement employée dans les monuments élevés dès lors à Saint-Denis, à l'exception de ceux de quelques princes et personnages admis par faveur à être inhumés dans la royale église. Enfin il ne faut pas attacher une foi bien grande à la ressemblance des statues couchées sur les tombeaux, et refaites sous saint Louis. Rien ne prouve que les artistes de l'époque se soient préoccupés de cette question, que d'ailleurs ils auraient été bien embarrassés sans doute de résoudre, à cause de l'absence de portraits ou de documents sur lesquels ils auraient pu se guider dans l'accomplissement de leur travail. Les costumes eux-mêmes ne sont pas conformes à la vérité historique, et ces Mérovingiens, Carlovingiens et même Capétiens de pierre sont recouverts de vêtements et d'ornements de fantaisie à l'exactitude desquels il ne faut pas se laisser prendre.

Après saint Louis, au contraire, les tombeaux des rois et leurs effigies deviennent intéressants à coup sûr pour l'histoire. Les statues des princes et des personnages ont été faites au lendemain de leur mort, le plus souvent d'après des moulages pris sur le corps même : la représentation du mort donne donc absolument le portrait du mort lui-même. Quant au costume, son exactitude est encore plus évidente ; l'artiste n'avait pas intérêt à tromper la postérité sur ce point ; il a dû s'étudier, au contraire, à édifier pour l'avenir, dans son travail, qui devait lui survivre dans les siècles, une œuvre qui se recommandât autant par la ressemblance matérielle de l'individu, de son costume et de sa tenue, que par l'excellence de l'exécution.

Mais je n'ai pas voulu écrire ici l'histoire de Saint-Denis ; ces quelques pages sont tout au plus une entrée en matière ; je pouvais, je devais même indiquer rapidement au lecteur, et seulement à grands traits, l'origine de l'église célèbre où je vais maintenant le faire entrer. Je le conduirai devant chaque tombeau, je le lui montrerai à l'endroit même où il se trouvait placé avant la dévastation de 1793. Je désire qu'avant de lire le rapport de leur destruction, il ait bien sous les yeux cette longue série de monuments funèbres élevés par la piété des siècles, afin qu'il puisse se rendre encore mieux compte de l'étendue du ravage accompli.

Et si, après avoir lu mon livre, tu veux bien, lecteur, visiter ces tombes vides aujourd hui, tu les admireras rétablies au lieu même d'où la Révolution croyait les avoir à jamais bannies. Arrête-toi devant chacune d'elles, recueille-toi un moment, et songe que sous ces cénotaphes magnifiques gisaient les corps de ceux qui avaient été grands et puissants, de celles qui avaient été belles et adulées en ce monde, et qu'un jour, — bien près de nous encore, — un peuple effréné, enragé de vengeance contre ses oppresseurs, et qui n'eut pas la sagesse de respecter leurs tombes, s'en vint fouiller de ses mains avides et furieuses leurs cercueils brisés, et jeta au vent ce qui était encore resté de leurs corps pourris et de leurs royales cendres.

EMPLACEMENT DES TOMBEAUX AVANT 1793

DAGOBERT ET NANTILDE.

L'abbaye de Saint-Denis lui doit son origine et ses richesses. Mort le 19 janvier 638, ce prince fut enseveli près du grand autel, où on lui érigea un tombeau qui fut détruit à l'époque de l'invasion des Normands.

Le tombeau actuel date de saint Louis ; il est en forme de chapelle ogivale, sculptée en pierre de liais, et d'un travail très-minutieux. Le corps de Dagobert, qui avait échappé aux dévastations normandes, fut placé au milieu de cette chapelle, dans un sarcophage de lumachelle gris creusé dans la masse, en manière de cercueil de momie, et en conservant dans le vide la forme de la tête. Une tombe plate, sur laquelle est représentée en relief la statue du roi, ferme ce sarcophage. Un bas-relief très-travaillé, divisé dans sa hauteur en trois zones, remplit le fond de la baie. En voici, d'après Montfaucon, la curieuse explication :

« Un nommé Ansoalde, revenant de son ambassade de Sicile, aborda à une petite île où il y avait un vieux anachorète nommé Jean, dont la sainteté attirait bien des gens dans cette île qui venaient se recommander à ses prières. Ansoalde entra en conversation avec ce saint homme, et, étant tombés sur les Gaules et sur le roi Dagobert, Jean lui dit qu'ayant été averti de prier pour l'âme de ce prince, il avait vu sur la mer des diables qui tenaient le roi Dagobert lié sur un esquif et le menaient, en le battant, aux manoirs de Vulcain ; que Dagobert criait, appelait à son secours saint Denis, saint Maurice et saint Martin, les priant de le délivrer et de le conduire dans le sein d'Abraham. Ces saints coururent après les diables, leur arrachèrent cette âme et l'emmenèrent au ciel, en chantant des versets des psaumes. »

Pour comprendre ce récit, il faut suivre les sculptures en prenant par le bas. Au-dessous de chaque bas-relief, on lit les inscriptions suivantes :

1° *Cy gist Dagobert premier fondateur de céans VIIIe roy en lan 632 jusques à 645* [2].
2° *Sainct Denis revele a Jehan anacorete que lame de Dagobert est ainsy tourmentée.*
3° *Lame de Dagobert est délivrée par les mérites de Sainct Denis, Sainct Martin et Sainct Maurice.*

Les statues qu'on voit debout aux côtés de l'ogive, l'une à la tête, l'autre au pied du cercueil, sont celles de la reine Nantilde, l'une des femmes de Dagobert, et de l'un de ses fils Clovis II ou Sigebert.

La reine était morte trois ans après son mari, en l'année 641.

CLOVIS II.

Ce prince mourut en 6)6, à vingt-trois ans, après en avoir régné dix-huit. On voyait son tombeau en bas des chaires du choeur, près de celui de Charles' Martel ; il était en pierre de liais, supportant une statue couchée du prince, également en pierre. On lisait l'inscription suivante :

Ludovicus rex filius Dagoberti.

PÉPIN LE BREF.

« Ce prince, dit dom Germain Millet [6], fut surnommé *le Bref* à cause de sa petite stature, car il n'avait que quatre pieds et demi de haut, et *Cœur de Lion*, à cause de son grand courage. »

Il mourut le 24 septembre 768, et fut enseveli à Saint-Denis, où l'on voyait son tombeau un peu au-dessous de celui de Dagobert. Sur ce sépulcre en pierre était couchée la statue de Pépin en vêtement royal, avec couronne. On lisait l'inscription suivante :

Pipinus rex Pater Caroli Magni.

A ses côtés, couchée sur le même tombeau, était la statue de sa femme, la reine Berthe, surnommée « au grand pied » :

Bertha regina uxor Pipini régis.

CHARLES LE CHAUVE.

L'empereur Charles le Chauve mourut le 6 octobre 877. à Brios, près le mont Cenis, empoisonné, dit-on, par son médecin le juif Sédécias. Son corps, enseveli d'abord dans un monastère près de Nantua, ne fut apporté qu'en 884 à Saint-Denis, où il fut enseveli sous l'autel de la sainte Trinité, au bout du chœur. Son tombeau était de cuivre, avec son effigie revêtue des ornements impériaux.

« Ce fut lui, dit G. Millet, qui transféra à Saint-Denis l'assemblée ou foire que l'empereur Charte-magne, son grand-père, avait établie à Aix-la-Chapelle, appelée *indict,* parce qu'elle était *indictée* et assignée à certain jour, auxquels on montrait aux marchands pèlerins les saintes reliques de l'Église fondée par le même empereur, et spécialement le saint clou de Notre Seigneur. Cette foire, par un mot corrompu, se nomme encore le *landy* au lieu de *l'indict,* et commence le mercredi plus proche, soit devant, soit après la fête Saint-Barnabé, qui est le 11 de juin, auquel jour l'ouverture s'en fait dans l'église Saint-Denis, avec de très-belles et dévotes cérémonies. »

LOUIS III ET CARLOMAN.

Ces deux princes, fils du roi Louis le Bègue, moururent, le premier en 882, le deuxième en 884. Ils furent ensevelis à Saint-Denis, l'un auprès de l'autre, entre le chœur et le grand autel, au-dessous de la sépulture de Pépin, près la porte de fer menant au chœur. Leurs statues de pierre, revêtues des ornements royaux, sont étendues sur leur tombeau commun sur lequel on lit d'un côté :

Ludovicus rex filius Ludovici Balbi.

Et de l'autre :

Karolomannus rex filius Ludovici Balbi.

CARLOMAN, ROI D'AUSTRASIE.

Ce prince était frère de Charlemagne. Mort le 4 décembre 771, il fut enseveli à Saint-Denis, entre le chœur et l'endroit où fut édifié depuis le tombeau de Charles VIII. C'est ce que disent du moins les *Chroniques* de Saint-Denis ; les *Annales* du temps prétendent au contraire que Carloman fut inhumé dans le sanctuaire de Saint-Remy, à Reims. Au XIIIe siècle, l'opinion était que ce prince avait été enterré à Saint-Denis, où saint Louis lui fit élever un tombeau à l'endroit que je viens de dire. On y lisait l'inscription suivante :

Karolomannus rex filius Pipini.

EUDES.

Eudes, fils de Robert le Fort, « qui voulut de régent devenir roy et gouverner en son nom privé, ce qui fascha fort plusieurs bons François », mourut en 898, et fut enseveli à Saint-Denis avec les honneurs royaux, au bout des chaires du chœur, près le tombeau de Hugues Capet, ainsi que le constate cette courte inscription :

Odo rex.

CHARLES MARTEL.

Charles Martel, fils naturel de Pépin le Gros et de sa concubine Alpaide, dont il fit ensuite sa femme, mourut à Crescy-sur-Oise le 22 octobre 741. Il fut enseveli à Saint-Denis, au bout des chaires du chœur, auprès du tombeau que saint Denis fit plus tard élever à Clovis. Bien qu'il n'ait pas régné, il a été représenté, dans sa statue couchée, avec le costume et les attributs royaux, et l'inscription de sa tombe lui donne également le titre de roi :

Karolus Martellus rex.

HUGUES CAPET.

Ce père de l'illustre race des Capétiens mourut au château de Melun le 24 octobre 996. Il fut enseveli à Saint-Denis, au bas des chaires du chœur, auprès du roi Eudes. On lit sur le tombeau de pierre que recouvre sa statue couchée :

Hugo Capet rex.

Devant son tombeau a été enseveli son père, Hugues le Grand, dit encore *le Blanc* et *l'Abbé,* comte de Paris, mort en 956. On lit sur la tombe, réédifiée, comme les précédentes, par les soins de saint Louis :

Ici gît Hugues le Grand jadis comte de Paris, lequel fut le père de Hugues Capet roy de France. Priez Dieu pour l'âme de lui.

ROBERT LE PIEUX.

Les annales et les légendes ont consacré les merveilleuses qualités de cœur que possédait ce bon et pieux roi. Il était, dit dom Millet, « chaste, religieux, tempérant, magnanime. »

Sa piété était prodigieuse, et il la manifestait en toutes occasions ; « le jeudi saint, c'était merveille de le voir lâcher la bonde à ses dévotions et à son ardente charité ; l'après-dîner, il mettait bas les vêtements royaux, prenait le cilice, puis lavait les pieds à cent soixante pauvres et les leur torchait de ses cheveux, en présence de ses chapelains. »

Un religieux de son temps, Helgaud, moine de Saint-Benoît-sur-Loire, et qui a écrit sa vie, raconte que « ce pieux roi avait choisi quelque nombre de villes par la France en chacune desquelles il faisait nourrir mille pauvres ; outre cela, au temps de caresme, quelque part qu'il allât, il en faisait nourrir un cent. Et en tous autres temps, il en avait toujours une douzaine avec soi, lesquels il faisait aller sur des montures, quelque part qu'il allât. »

Il mourut, dit encore Helgaud, le vingtième jour de juillet (1031 ou 1032), au commencement de la journée du mardi, au château de Melun, et il fut porté à Paris, puis enseveli à Saint-Denis. Il y eut là un grand deuil, une douleur intolérable, car la foule des moines gémissait de la perte d'un tel père, et une multitude innombrable de clercs se plaignait de leur misère, que soulageait avec tant de piété ce saint homme. »

Il fut enseveli au pied du tombeau de Hugues Capet. La reine, sa femme, Constance d'Arles, est couchée auprès de lui sur le même tombeau, ainsi que le constatent ces deux inscriptions :

Robertus rex. Constantia vegina.

HENRI Ier.

Ce prince, fils du roi Robert, mourut en 1060. Il a été enterré à Saint-Denis, au pied de la tombe de son père. On lisait sur son tombeau, recouvert de sa statue couchée :

Henricus rex filius Roberti.

LOUIS VI LE GROS.

« Le roi, dit Suger dans son *Histoire de Louis le Gros,* après avoir reçu en communion le corps et le sang de Jésus Christ, rejetant loin de lui toutes les pompes de l'orgueil du siècle, s'étendit sur un lit de simple toile... Un peu avant de mourir, il ordonna qu'on étendit un tapis par terre et que sur ce tapis on jetât des cendres en forme de croix, puis il s'y fit porter et déposer par ses serviteurs, et, fortifiant toute sa personne par le signe de la croix, il rendit l'âme le 1er août 1137, dans la trentième année de son règne et presque la soixantième de son âge. »

Il fut enseveli à Saint-Denis, auprès du roi Henri Ier. On lit sur sa tombe cette inscription :

Philippus Grossus rex.

PHILIPPE, FILS DE LOUIS VI.

Associé au trône de son père en 1129, ce jeune prince mourut en 1131, le 13 octobre, « d'un accident très-fascheux. Passant à cheval par un faubourg de Paris, un pourceau traversant la rue alla s'embarrasser dans les jambes de son cheval, lequel tomba sur lui et l'écrasa, dont il mourut peu d'heures après. »

Il fut enseveli à Saint-Denis, entre la clôture du chœur et le futur tombeau de Charles VIII. Sa statue, couchée, est étendue sur son tombeau, au pied duquel on lit :

Philippus rex filius Ludovici Grossi.

Près de sa statue on voyait celle de Constance d'Aragon, deuxième femme du roi Louis VII, avec l inscription suivante :

Constantia Regina quæ venit de Hispania.

PHILIPPE II.

Le roi Philippe-Auguste mourut à Nantes le 14 juillet 1223. Son corps fut transporté en grande pompe. à Saint-Denis, où il fut inhumé, derrière l'autel de la Trinité, au bout du chœur.

LOUIS VIII.

Louis VIII, dit *le Lion,* mourut à Montpensier, en Auvergne, le 7 novembre 1226. Il fut enseveli aux côtés mêmes de son père Philippe-Auguste, derrière l'autel de la Trinité, au bout du chœur.

LOUIS IX.

« Le roi étant arrivé à Tunis, en Afrique, Dieu, se contentant de sa bonne volonté, voulut, au lieu de la Jérusalem terrestre qu'il s'en allait conquester, le mettre en jouissance de la Jérusalem céleste, et le récompenser de tant de peines et de travaux qu'il avait soufferts à son service. A ces fins, il envoya en l'armée la maladie contagieuse de laquelle Tristan, comte de Nevers, fils du saint roi, mourut le premier ; et lui-même, étant quelques jours après frappé d'une dissenterie et de fièvre continue, sentant la mort approcher, il reçut dévotement les saints sacrements de l'Église, puis, avec une grande résignation et contentement singulier, rendit sa bénite âme à Dieu le 25 août 1 270.

Son saint corps fut découpé par membres et bouilli dans du vin et de l'eau jusqu'à la séparation de la chair et des os, suivant la coutume de ce temps-là, et ce, faute d'avoir de bon baume qui préserve les corps de corruption. »

Les restes de saint Louis furent apportés à Saint-Denis dans une magnifique châsse d'argent, dont la translation donna lieu aux funérailles les plus splendides et les plus touchantes. En effet, Philippe, fils du roi, alors Philippe III, porta lui-même le corps de son père sur ses épaules, et fit, pieds nus, le trajet de Paris à Saint-Denis. Pour conserver le souvenir de ce pieux dévouement, on fit élever peu après, sur la route que le prince avait parcourue, de petits monuments aux endroits mêmes où il s'était reposé pendant le convoi de son père Ces monuments étaient de petites tours surmontées des statues de grandeur naturelle de Louis IX, du comte de Nevers, de Philippe III et de Robert, comte de Clermont. Elles ont été détruites en 1793.

Le tombeau de saint Louis fut élevé dans l'église royale, entre ceux de Louis VIII et de Philippe-Auguste, derrière l'autel de la Trinité.

En 1297, le pape Boniface VIII ayant canonisé Louis IX, devenu alors saint Louis, son petit-fils, Philippe le Bel, fit exhumer ses restes et ordonna qu'ils fussent enfermés dans une châsse d'or massif placé sur le grand autel de la basilique.

En 1305, on donna la tête du roi, comme relique, « à messieurs de la Sainte-Chapelle, à Paris, sauf la mâchoire de dessous, qui est au Trésor, richement enchâssée. » En échange, messieurs de la Sainte-Chapelle offrirent à l'abbaye un reliquaire également précieux.

Les successeurs de saint Louis enrichirent successivement de pierreries et d'ornements divers la châsse où étaient renfermés les restes de leur glorieux aïeul, laquelle était devenue un objet d'une valeur matérielle très-considérable, non moins que d'une très-grande vénération. Le roi Charles VI, entre autres, offrit 250 marcs d'or pour refaire une châsse splendide « en action de grâce de ce qu'il avait été quelques jours auparavant délivré d'un grand péril en un ballet joué en l'hôtel de la reine, au faubourg Saint-Marceau, où tous les joueurs, desquels il était l'un, furent brûlés ; lui et un autre seulement furent exceptés. »

Ce fut peu de temps après ce don royal que les Anglais, maîtres d'une partie de la France, pillèrent Saint-Denis et son trésor ; la châsse du pieux roi fut alors convertie en bons écus d'or, de ceux qu'on appelait alors « des moutons d'or, dont les Anglais firent au moins trente mille de ladite châsse. » Ce ne fut guère que sous le roi François Ier qu'une châsse digne de les contenir fut donnée aux restes de Louis IX, par le cardinal de Bourbon, archevêque de Sens, devenu premier abbé commendataire de l'abbaye.

Enfin, en septembre 1610, à l'occasion du sacre de Louis XIII, Marie de Médicis fit présent à l'église Notre-Dame de Reims d'un os enlevé encore au même reliquaire. Le peu qui restait fut dilapidé pendant les dévastations de 1793.

Autour du tombeau de saint Louis on voyait :

1° La reine Marguerite, sa femme, devant les degrés du grand autel, sous une tombe de cuivre autour de laquelle est gravée cette épitaphe :

Ici gît la noble reine de France, Marguerite, qui fut femme de monseigneur Saint Louis, jadis roi de France, qui trépassa le mercredi devant Noël, l'an de l'incarnation de Notre Seigneur mil deux cent quatre vingt et quinze ; priez pour son ame.

2° A son côté droit, son fils Tristan, comte de Nevers.

3° De l'autre côté, son frère Alphonse, comte de Poitiers.

4° Philippe, comte de Clermont, son oncle.

5° Pierre de Beaucaire, son chambellan, « dont les ossements, dit la chronique de Saint-Denis, furent enterrez au pied du bon roy tout en la manière qu'il gisoit à ses pieds quand il estoit en vie. »

Enfin, en 1791, lors de la dispersion des moines de l'abbaye de Royaumont, où avaient été ensevelis plusieurs princes de la famille de saint Louis, le gouvernement ordonna la translation à Saint-Denis de leurs restes et des monuments qui les recouvraient.

Ces princes étaient les suivants :

Philippe, dit Dagobert, frère du roi ;

Louis, son fils aîné, mort en 1260 ;

Jean, son troisième fils, mort en 1248 ;

Blanche, sa fille aînée, morte en 1243 ;

Louis et Philippe, fils de Pierre, comte d'Alençon, cinquième fils du roi ;

Un fils de Philippe d'Artois, mort en 1291.

La translation de ces restes fut faite à Saint-Denis, le 1er août 1791.

Les bas reliefs sculptés autour du magnifique tombeau de Louis, alors fils aîné du roi [7], « qui avait été déjà, malgré son jeune âge, pris en grande considération, » représentent les funérailles de ce prince dont Saint-Foix parle en ces termes :

« Le corps du fils de saint Louis, mort à l'âge de seize ans, fut d'abord porté à Saint-Denis, et de là à l'abbaye de Royaumont, où il fut enterré. Les plus grands seigneurs du Royaume portèrent alternativement le cercueil sur leurs épaules, et Henri III d'Angleterre, qui était alors à Paris, le porta lui-même pendant assez longtemps, comme feudataire de la couronne. »

On voyait à côté de lui, sur le même tombeau, la statue couchée de Jean son frère, mort en 1 248.

LE COMTE D'EU.

On voyait autrefois dans la chapelle Saint-Martin le tombeau de cuivre doré, avec effigie armée, du prince Alphonse, comte d'Eu. Ce tombeau fut détruit sous Charles IX, en 1567, lors du pillage de l'abbaye par les huguenots. C'est le premier tombeau sur lequel fut inscrite une épitaphe détaillée. Les rois, princes ou personnages ensevelis jusqu'alors à Saint-Denis avaient été simplement désignés par leur nom gravé sur leur tombe ; c'est donc de l'époque de saint Louis que date l'usage des épitaphes détaillées dans la royale église.

On lisait sur le tombeau du comte d'Eu :

Ci gît Alphonse jadis comte d'Eu et chambellan de France, qui fut fils à très haut homme, très bon et très loyal chevalier monsieur Jean de Bayac qui fut roi de Jérusalem et Empereur de Constantinople, et fut le dit Alphonse fils de très haute dame Berengère, qui fut Empérière de Constantinople, laquelle fut mère de madame la Blanche la bonne et sage reine de France, qui fut mère au bon roi Louis de France qui mourut en Carthage, et fut la dite Berengère sœur au bon roi Ferrand de Castille ; et mourut le dit Alphonse au service de Dieu, et de très haut et très puissant prince monsieur Louis par la grâce de Dieu Roi de France, et de très haut prince monsieur Philippe son fils par la grâce de Dieu roi de France, dessous Carthage, au royaume de Thunes (Tunis), l'an de l'incarnation de Notre Seigneur 1270, la veille de Sainte Croix en septembre, et fut enterré le dit Alphonse en cette église de monsieur Saint Denis, l'an de l'incarnation de Notre Seigneur 1271, le vendredi d'après la Pentecôte, le jour et l'heure quand Monseigneur le roi Louis fut enterré, et pour Dieu priez pour l'âme d'icelui moult sage et moult loyal Chevalier.

« Épitaphe, dit assez justement dom Millet, qui ressent bien son antiquité. »

PHILIPPE III.

Philippe III, dit le Hardi, mourut à Perpignan le 5 octobre 1286. Son tombeau, à Saint-Denis, était de marbre noir, avec sa statue couchée, en marbre blanc. Il était placé près la porte de fer du chœur, sous la grande croisée.

Sa première femme, Isabelle d'Aragon, morte des suites d'une chute de cheval à Cuzance (Sicile), en 1271, est à son côté droit, sur le même tombeau.

On lit, sous la corniche de ce remarquable tombeau, le premier à Saint-Denis où l'on se servit de marbre, l'inscription suivante :

Dysabel. lame. ait. paradys
Dom. li. cors. gist. souz. ceste. ymage
Fame. avroi. Phelipe. ia. Dis.
Fill. Lovis. Roi. mort. en. Cartage.
Le jovr. de Sainte. Agnes, seconde.
Lan. mil. cc. dis. et soisente :
A Cusance. fvmorte. av monde.
Vie. sanz. fin. Dex. li. consente.

PHILIPPE IV.

Philippe IV, dit le Bel, mourut à Fontainebleau le 29 novembre 1314. Il fut enseveli à Saint-Denis, au côté gauche de Philippe III. Son tombeau, de marbre noir, était surmonté de sa statue couchée, en marbre blanc, qui nous est parvenue, malgré les dévastations de l'abbaye, dans un état de conservation à peu près complet.

LOUIS X.

Louis X, dit *le Hutin,* « c'est-à-dire, suivant le langage de ce temps-là, mutin et têtu, » mourut à Vincennes le 5 juin 1316. Il fut enterré à Saint-Denis, vis-à-vis son père, Philippe le Bel, de l'autre côté du chœur. Le tombeau est de marbre noir, avec sa statue couchée, de marbre blanc.

JEAN Ier.

« Le quinzième jour du mois de novembre de l'an 1316, dit Guillaume de Nangis, la nuit qui précéda le dimanche, la reine Clémence (fille de Robert, roi de Hongrie), travaillée de la fièvre quarte, mit au monde à Paris, dans le château du Louvre, un enfant mâle, premier fils du feu roi Louis, qui, né pour régner dans le Christ, et appelé Jean, mourut le 20 du même mois, à savoir le vendredi suivant. Le jour d'après il fut enterré dans l'église de Saint-Denis, au pied de son père. »

Le pauvre petit roi fut placé dans le même tombeau, et sur le marbre noir qui recouvrait le père et le fils, on les voyait couchés tous deux — comme on-les voit encore aujourd'hui rétablis — l'enfant étendu, les pieds appuyés sur la crinière d'un jeune lion, et la tête couchée sur un oreiller de marbre blanc. « La foule, dit M. de Guilhermy, passe indifférente devant la plupart de ces rois, qui ont vécu leur temps, et dont la mémoire est tombée en oubli ; elle s'arrête avec émotion auprès de cet enfant, qui n'a d'autres titres dans l'histoire que son innocence et sa mort. »

PHILIPPE V.

Le roi Philippe V, dit *le Long,* étant mort à Long-champs le 3 janvier 1321, son corps fut enseveli à Saint-Denis, près du grand autel, côté de l'Évangile, où l'on voyait son tombeau de marbre noir, surmonté de sa statue couchée, de marbre blanc.

Au pied de son tombeau, sur une petite table de marbre, on lisait, en lettres d'or, l'inscription suivante :

Ci gît le roi Philippe le long, roi de France et de Navarre, fils de Philippe le bel qui trépassa l'an mil trois cent vingt et un, le troisième de janvier, et le cœur de la reine Jeanne sa compagne, fille de noble prince le comte Hugues de Bourgogne, laquelle trépassa l'an mil trois cent vingt neuf, le 21 de janvier.

CHARLES IV.

Charles IV, dit *le Bel,* « fut un prince né à la vertu autant qu'aucun autre de ses prédécesseurs, craignant Dieu, aimant la justice, honorant les lettres, chérissant son peuple, hardi, courageux et exempt de tout vice, » ainsi du moins que l'assure le bénédictin dom Millet.

Ce prince mourut à Vincennes le 1er février 1327. On l'enterra à Saint-Denis, auprès de son frère Philippe le Long.

La reine Jeanne d'Évreux, sa femme, morte seulement en 1370, le 4 mars, fut ensevelie à ses côtés. Au pied de leur tombeau commun était élevée, contre le mur, une petite colonne en pierre surmontée d'une châsse, d'une image de la Vierge, et soutenant en outre une table de marbre noir sur laquelle on lisait, écrite en lettres d'or, la curieuse inscription suivante :

Ci gît le roi Charles, roi de France et de Navarre, fils du roi Philippe le bel qui trépassa l'an 1327, *la veille de la Chandeleur, et madame la reine Jeanne sa compagne, fille de noble prince monsieur Louis de France jadis comte d'Evreux, laquelle reine donna cette chasse ou il y a de la vraie croix, et une épine de la sainte couronne et du saint sépulcre de Notre Seigneur, du tableau où fut écrit le titre de Notre Seigneur en la croix et plusieurs autres reliques de celles qui salit en la chapelle royale de Paris. Item, donna cette image de Notre Dame laquelle est d'argent doré, où il y a de son lait, de ses cheveux et de ses vêtements. Item une image d'or de monsieur Saint Jean l'Evangéliste.*

LES FILLES DE CHARLES IV.

Deux princesses, filles de Charles le Bel et de la reine Jeanne d'Évreux, furent ensevelies dans la chapelle de Notre-Dame la Blanche. Leur tombeau commun, de marbre noir, supportait leur statue couchée, de marbre blanc.

L'aînée, Blanche de France, épousa le duc d'Orléans. On lisait ainsi son épitaphe :

Ci gît madame Blanche, fille du roi Charles, roi de France et de Navarre, et de madame Jeanne d'Evreux, qui fut femme de monsieur Philippe de France, duc d'Orléans, comte de Valois et de Beaumont et fils du roi Philippe de Valois, laquelle trépassa l'an 1392, *le* 7e *jour de février.*

Priez Dieu pour elle.

L'autre princesse était morte toute jeune et avait été enterrée à Saint-Denis trente et un ans avant sa sœur. On lisait sur le tombeau une inscription ainsi conçue :

Ci gît madame Marie de France, fille du roi Charles, roi de France et de Navarre, et de madame Jeanne d'Evreux, qui trépassa l'an 1361, *le 6 d'octobre* [8].

Priez Dieu pour elle.

JEANNE DE FRANCE.

Au pied du tombeau de Louis le Hutin on voyait la tombe de marbre noir, avec la statue couchée, de marbre blanc, de sa fille Jeanne de France [2], femme du comte d'Evreux et reine de Navarre, ainsi que le constate l'inscription suivante, gravée autour du tombeau :

Ci gît Jeanne par la grâce de Dieu reine de Navarre, comtesse d'Evreux, fille de Louis roi de France, ainé fils du roi Philippe le Bel, mère de madame la reine Blanche, reine de France, laquelle trépassa à Confians les Paris, l'an mil trois cent quarante neuf, le 6e jour d'octobre.

PHILIPPE VI.

Philippe VI, *de Valois,* « fut, dit encore dom Millet, qui n'est point avare d'éloges et de panégyriques, un prince accompli en toutes sortes de grâces, de corps et d'esprit, grave, libéral, magnanime, fort, religieux et aimant la justice. »

Il mourut le 28 août 1350, à Nogent-le-Roi, et fut enterré à Saint-Denis, près du grand autel, sa première femme, Jeanne, placée à ses côtés sa seconde femme, Blanche, ensevelie, non loin de lui, dans la chapelle Saint-Hippolyte.

JEAN II.

Le roi Jean mourut à Londres le 8 avril 1364, esclave de ses serments et de sa parole librement donnée. Son corps fut ramené en France, et enseveli auprès du roi Philippe, son père, non loin du grand autel, côté de l'Évangile.

Sa statue, de marbre blanc, est couchée sur son sépulcre, de marbre noir.

« Ce monarque, dit dom Millet dans sa naïveté toute sincère, tiendrait un des premiers rangs entre les rois de France s'il eût été aussi heureux que vertueux ; mais la fortune, envieuse de ses mérites, lui ravit le loyer de ses vertus. »

LA REINE BLANCHE.

La reine Blanche, deuxième femme du roi Philippe de Valois, fut ensevelie dans la chapelle Saint-Hippolyte, avec sa fille Jeanne de France, morte à Béziers pendant le voyage qu'elle faisait pour aller en Espagne épouser Jean, fils du roi d'Aragon.

Leur tombeau est de marbre noir, sur lequel sont couchées leurs statues de marbre blanc. On lisait l'épitaphe suivante :

Ci gisent dames de bonne mémoire madame Blanche, par la grâce de Dieu reine de France, fille de Philippe roi de Navarre, comte d'Evreux, et de la reine Jeanne, fille du roi de France, reine de Navarre de son héritage, sa femme, épouse jadis du roi Philippe le vrai catholique, et madame Jeanne de France leur fille, qui trépassèrent, c'est à savoir lad. madame Jeanne à Béziers le 11 de septembre 1373, et la dite Reine le 5e jour d'octobre 1398.

Priez Dieu pour elles.

CHARLES V.

Le roi Charles V mourut le 16 septembre 1380, en son château de Beauté, près le bois de Vincennes.

Son corps fut porté à Saint-Denis en grande pompe, le visage découvert, et enseveli dans la chapelle qui porte son nom, à main gauche de la porte d'entrée du cloître. Son tombeau était de marbre noir, sur lequel on voyait étendue sa statue couchée, de marbre blanc, ainsi que celle de la reine Jeanne, sa femme. Dans le même tombeau on avait enseveli avec leurs parents leurs deux filles, les princesses Jeanne et Isabelle.

Au bout de ce tombeau, l'un des plus remarquables que l'on ait vus jusqu'alors à Saint-Denis, on lisait les deux épitaphes suivantes, gravées en lettres d'or :

Ici gît Charles le Quint, sage et éloquent, fils du roi Jean, qui régna seize ans, cinq mois et sept jours et trépassa l'an de grâce mil trois cent octante, le seizième jour de septembre ; son cœur fut porté en l'église cathédrale de Rouen et ses entrailles à Maubuisson.

*
* *

Ici gît madame la reine Jeanne de Bourbon, épouse du roi Charles le Quint et fille de très noble prince monsieur Pierre duc de Bourbon, qui régna avec son dit époux treize ans et dix mois et trépassa l'an mil trois cent septante sept, le 6 de février.

DU GUESCLIN.

Dans la chapelle des Charles on voyait plusieurs tombeaux de personnages admis par les princes leurs maîtres à l'honneur de partager avec eux la sépulture royale dans les caveaux de Saint-Denis.

Le connétable Du Guesclin, étant mort en 1380, au siége de Château-Randon, fut enseveli à Saint-Denis, au pied du roi Charles V son maître, sous une petite voûte, entre les deux autels. Son tombeau, de marbre noir, supportait sa statue couchée, de marbre blanc, avec l'épitaphe suivante :

Ci gît noble homme, messire Bertrand du Guesclin, comte de Longueville et connétable de France, qui trépassa à Chastelneuf de Randon en Gévaudan, en la sénéchaussée de Beaucaire, le treizième jour de juillet l'an 1380 ; priez Dieu pour son âme.

LA PRINCESSE MARGUERITE.

La princesse Marguerite, fille du roi Philippe le Long et femme de Louis, comte de Flandres et de Réthel, tué à la bataille de Crécy, mourut en 1382.

Elle fut ensevelie à droite de la porte du cloître, dans un tombeau de marbre noir que surmontait sa statue en marbre blanc. Une grille de fer entourait ce tombeau qui était placé entre quatre colonnes soutenant un dais en pierre sculptée à jour, et d'un travail d'une surprenante légèreté et d'une exquise délicatesse.

BUREAU DE LA RIVIÈRE.

Messire Bureau de la Rivière fut chambellan des rois Charles V et Charles VI. C'est par ordre de son premier maître Charles V, qui en exprima le désir avant de mourir, que ce fidèle serviteur fut enseveli à Saint-Denis, sous une tombe de cuivre, devant l'autel Saint-Jean et au pied même du tombeau de son roi.

Ces faits sont rapportés dans l'épitaphe suivante, qui se lisait autour de son tombeau :

Ci gît noble messire Bureau jadis seigneur de la Rivière, chevalier et premier chambellan du roi Charles V et du roi Charles VI son fils, qui trépassa le 16ᵉ jour d'Aoust l'an mil quatre cent et fut ci enterré de l'ordonnance du dit roi Charles V qui pour considération de tres grands et notables services qui lui avait faits et pour la singulière amour qu'il avait à lui le voulut et ordonna en son vivant, et le dit roi Charles VI le confirma, et aussi nos seigneurs les ducs de Berry, de Bourgogne, d'Orléans et de Bourbon, qui lors étaient, voulurent que ainsi fut.

Priez Dieu pour l'âme de lui.

« Il appert par cette épitaphe, dit dom Millet, que ce n'était pas chose vulgaire d'enterrer à Saint-Denis quelque personne que ce fût, mais une grande faveur d'y recevoir les plus signalés serviteurs et favoris des rois par leurs commandements, puisque, pour y mettre celui-ci, ce ne fut pas assez de l'ordonnance du roi Charles V, son maître, qui mourut vingt ans devant lui ; il fut nécessaire de faire ratifier son ordonnance par son successeur et par tous les princes du sang. Car cette église est dédiée à la sépulture des seuls rois et de leur famille royale, si ce n'est que par une faveur singulière et pour quelque service signalé ils y en fassent ensépulturer quelques autres, comme ont fait quelques-uns d'entre eux. »

LOUIS DE SANCERRE.

Le connétable Louis de Sancerre eut aussi les honneurs de la sépulture à Saint-Denis, dans la chapelle des Charles, au côté droit de l'autel Saint-Jean. C'était un vaillant homme de guerre, qui avait repris aux Anglais le Poitou, la Saintonge et la Guienne. Le roi Charles VI lui avait fait élever un tombeau de marbre noir, sur lequel on voyait sa statue couchée, de marbre blanc, avec l'épitaphe suivante :

Ci gît Louis de Sancerre chevalier, jadis maréchal de France et depuis connétable de France, frère germain du comte de Sancerre qui trépassa le mardi 6ᵉ jour de février, l'an 1402.

Derrière son tombeau, on lisait, sur une plaque de marbre incrustée dans la muraille, les vers suivants, qui contiennent, avec son panégyrique, les termes de la décision royale ordonnant que ce « valeureux » soldat fût enterré à Saint-Denis :

Cy dedens gît soubz une lame
Loys de Sancerre dont l'ame
Soit ou repox du Paradis.
Car moult bon proudom fut jadis
Sage, vaillant, chevaleureux
Loyal et en armes heureux :
Oncque en sa vie nama vice
Mais il garda bonne justice
Autant au grand comme au petit,
En ce prenoit son appetit.
Mareschal fut ferme et estable
De France, puis fut connestable
Fait après par ellection
En l'an de l'Incarnation
Mil quatre cens et deux fin a
Et le Roy voult et enclina
A lonnourer tant que ciens
Avec ses parens anciens.
Fut mis pour ce fait bon servir
Cil qu'ainssi le veult desservir
A ses serviteurs en la fin
Quant bien luy ont esté a fin.

LE PRINCE D'ÉVREUX.

Dans la chapelle Notre-Dame la Blanche avaient été ensevelis le prince Louis d'Évreux, comte d'Étampes et de Gien, et *Jeanne* d'Eu, sa femme. Leur caveau était recouvert d'une tombe de cuivre avec leur effigie, autour de laquelle on lisait les inscriptions suivantes :

Ci gît très noble et haut prince monsieur Louis d'Evreux, jadis comte d'Etampes et de Gien, pair de France, qui trépassa en l'an de grâce 1400, le 6ᵉ jour de mai.

Priez Dieu pour qu'il ait l'ame de lui. Amen.

*

**

Ci gît madame Jeanne d'Evreux, jadis comtesse d'Etampes et duchesse d'Athène, fille de très noble homme monsieur Raoul, comte d'Eu et de Guines, jadis connétable de France, et de très noble madame Jeanne de Mello, laquelle trépassa en la cité de Sens le 6ᵉ jour de juillet 1389.

Priez Dieu pour elle.

CHARLES VI.

Le roi Charles VI, dit *le Bien-Aimé*, mourut le 22 octobre 1422, à l'hôtel Saint-Paul. Il fut enterré à Saint-Denis, dans la chapelle du roi son père, près le mur du cloître. Son tombeau, de marbre noir, supportait sa statue couchée, de marbre blanc. On lisait cette épitaphe :

Ci gît le roi Charles VI très aimé, large et débonnaire, fils du roi Charles le Quint qui régna quarante deux ans un mois et six jours et trépassa le 21 d'octobre l'an 1422.

Priez Dieu qu'en paradis soit son âme.

La reine Isabeau de Bavière, sa femme, mourut treize ans après lui, en 1435, pendant l'occupation de Paris par les Anglais. On dut lui faire des funérailles à peu près secrètes, et elles furent d'une mesquinerie aussi complète que possible. Son corps fut transporté par eau à Saint-Denis dans un petit bateau. Son cercueil, entouré de quatre cierges, n'avait pour toute escorte que quatre personnes indispensables pour l'inhumation. L'office funèbre fut court et célébré sans qu'aucun évêque y prît part.

« Ce fut peut-être un jugement de Dieu, dit notre bon dom Millet, qu'une mère si injuste à son fils et si malicieuse à l'endroit de la France fût enterrée sans pompe funèbre. »

Elle fut ensevelie dans le tombeau de son mari, et sa statue, de marbre, fut couchée à côté de la sienne avec l'inscription suivante :

Ci gît la reine Isabelle de Bavière, épouse du roi Charles sixième et fille de très puissant prince Etienne, duc de Bavière et comte palatin du Rhin, qui régna avec son dit époux et trépassa l'an 1435, le dernier jour de septembre.

Priez Dieu pour elle.

L'aîné des six fils de ces deux princes, mort à neuf ans, a été enseveli dans la même chapelle, et son corps, enfermé dans une petite tombe de cuivre, fut déposé, non loin d'eux, sous le marchepied de l'autel Saint-Jean, avec l'épitaphe suivante :

Ci gît le noble Charles Dauphin du Viennois, fils du roi de France Charles VI, qui trépassa au chateau du bois de Vincennes le 28ᵉ jour de décembre l'an 1386.

Dieu en ait l'âme.

ARNAUD DE GUILHEM.

Le chevalier Arnaud de Guilhem, seigneur de Barbazan, ayant été tué en 1432, à la bataille de Bulgnéville, près Nancy, le roi Charles VII ordonna que Saint-Denis devînt le lieu de sa sépulture. Son corps, placé dans une tombe de cuivre, fut enseveli à gauche du tombeau de Charles V.

On lisait, gravés sur le devant même de ce tombeau, les vers suivants :

En ce lieu-ci gît dessous cette lame
heu noble homme, que Dieu pardonne à l'âme
Arnaud Guillen seigneur de Barbazan
Qui conseiller et premier chambellan
Fut du roi Charles septième de ce nom
Et en armes chevalier de renom
Sans reproche, et qui avec droiture
Tout son vivant, pourquoi sa sépulture
Lui a été permise d'être ici
Priez Dieu qu'il lui fasse merci

Amen

GUILLAUME DU CHASTEL.

Le seigneur Guillaume du Chastel (on dit aujourd'hui Duchatel), grand pannetier du roi Charles VII, fut tué le 20 juillet 1441, en défendant, pendant le siége de Pontoise, le passage de l'Oise contre les Anglais. En récompense de ses services, le roi ordonna qu'il fût « ensépulturé à Saint-Denis, » où un tombeau de pierre, supportant sa statue couchée, également de pierre, lui fut édifié dans la chapelle de Notre-Dame la Blanche, avec l'épitaphe suivante :

Ci gît noble homme Guillaume Du Chastel de la Basse Bretagne, pannetier du roi Charles VII et écuyer d'écurie de monseigneur le Dauphin, qui trépassa le 23 de juillet, l'an de grâce 1441, durant le siége de Pontoise en défendant le passage de la rivière d'Oise, le dit jour que le duc d'York la passa pour cuider lever le dit siège, et plut au roi pour sa grande vaillance et les services qu'il lui avait faits en maintes manières, et spécialement en la défense de cette ville de Saint-Denis contre le siège des Anglais, qu'il fût enterré céans.

Dieu lui fasse merci. Amen.

CHARLES VII.

« Un de ses gentilshommes l'ayant assuré que ses ennemis machinaient de le faire mourir par poison, dont il entra en une appréhension si violente, qu'il résolut de ne manger ni boire, et fut ainsi sept jours sans prendre aucun aliment, quelque chose que lui pussent dire les médecins. Toutefois, sentant défaillir ses forces, il en voulut prendre ; mais les conduits s'étant rétrécis, il ne fut pas possible de rien avaler... » Et le roi Charles VII, dit *le Victorieux,* mourut de cette manière, le 22 juillet 1461, à Meung en Berry.

Il fut enseveli à Saint-Denis, entre son père et son aïeul ; sa femme, qui mourut deux ans après lui, fut placée dans le même tombeau, sur lequel deux statues étaient étendues l'une auprès de l'autre, avec les épitaphes suivantes, gravées en lettres d'or :

Ci gît le roi Charles septième très glorieux, victorieux et bien servi, fils du roi Charles sixième, qui régna trente neuf ans, neuf mois et un jour, et trépassa le jour de la Madeleine 22ᵉ jour de juillet l'an 1461.

Priez Dieu pour lui.

Ci gît la reine Marie, fille du roi de Sicile, duc d'Anjou, épouse du roi Charles VII, qui régna avec son dit époux, et trépassa le pénultième jour de novembre l'an 1463.

Priez Dieu pour elle.

LOUIS DE PONTOISE.

Ce valeureux « capitaine de gendarmes » ayant été tué au siége de Crotoy le 4 août 1475, le roi Louis XI ordonna qu'il fût enseveli à Saint-Denis.

On inhuma son corps dans la chapelle de Saint-Louis, et on composa en son honneur l'épitaphe suivante, gravée sur une lame de cuivre, pour tenir lieu d'un tombeau, dont sans doute le parcimonieux monarque ne jugea pas à propos de faire les frais pour son serviteur :

En ce lieu ci gist soubs ceste lame
Un vaillant capitaine de gensdarme ;

Louis de Pontoise fut son nom

En armes chevalier de grand renom

Tué présent Louis onze son Roy

A l'assaut contre les Bourguignons au Crotoy,

Qui a commandé son corps estre icy.

Prie Dieu qui luy fasse mercy.

Le jeudi 4 août 1475.

CHARLES VIII.

« Étant à Amboise, l'an 1498, le septième jour d'avril, en une galerie du château, regardant des joueurs de paume, et tenant quelques discours spirituels avec la reine et autres assistants, il tomba à la renverse saisi d'une apoplexie. »

Le samedi suivant, veille de Pâques, Charles VIII était mort.

« C'était, continue dom Millet, un grand roi, généreux, magnanime, affable et décoré de toutes les vertus royales ; aussi fut-il grandement regretté de tous ses sujets, et spécialement de ses domestiques, deux desquels tombèrent roides morts, le voyant mettre *en* terre. »

Ce bon roi était encore, à ce qu'il parait, un prince « d'une grande continence de chasteté, car, au retour de son royaume de Naples, il prit par assaut la ville de Tuscanelle, en Toscane, qui lui refusoit ses portes ; on lui amena une jeune damoiselle d'excellente beauté, laquelle, le voyant prêt de lâcher la bride à sa sensualité, se jeta à ses pieds et le conjura, par la pureté de la sacrée Vierge, de laquelle il y avoit là une image, de ne la point toucher ; ce que non-seulement il lui octroya, mais, outre plus, lui donna 500 écus et mit en liberté son fiancé et tous ses parents, qui étoient prisonniers de guerre. »

Charles VIII fut enseveli à Saint-Denis, au bas du grand autel. Son tombeau [10] était le plus magnifique qu'on eût vu jusqu'alors. Il était de bronze noir et doré, supportant la statue en bronze du roi en prière, couronne en tête, et de grandeur naturelle. Aux quatre coins de ce magnifique tombeau on voyait des anges de cuivre doré agenouillés et priant pour le repos du prince. La robe du roi était peinte en couleur d'azur et semée de fleurs de lis d'or.

LOUIS XII.

Le roi Louis XII, sur la fin de sa vie, et alors qu'il avait cinquante-cinq ans d'âge, ayant épousé une jeune princesse de dix-huit ans, ne put supporter longtemps sa vie nouvelle, ni les plaisirs et les fêtes que cette union « mal assortie » lui occasionnait. Il mourut deux mois et demi après son mariage, à l'hôtel des Tournelles, le Ier janvier 1515, et fut enseveli à Saint-Denis, près de sa première femme, morte le 20 janvier 1514.

Son tombeau de marbre blanc, chef-d'œuvre du Vénitien Paul-Ponce Trebati, et qui ne fut placé à *Saint-Denis* qu'en 1527, est l'une des merveilles de la royale église. On le voit encore de nos jours à la place qu'il occupait avant la Révolution, à gauche du maître autel, près la porte qui conduit à l'ancien cimetière des Valois. Il a été peu détérioré.

Sous le mausolée, qui supporte les statues nues de la reine et du roi, étaient deux cercueils de plomb contenant leurs corps et surmontés, le premier d'une couronne royale de cuivre doré, le second d'une simple couronne ducale de même métal.

L'épitaphe du roi était ainsi conçue :

Ci gît le Corps avec le Cœur de très haut, très excellent, très puissant prince Louis douzième, roi de France, lequel trépassa à Paris à l'hôtel des Tournelles le premier jour de janvier l'an 1515. Ses entrailles sont avec son père aux Célestins du dit Paris.

La reine Anne de Bretagne, sa première femme, étant morte un an avant lui à Blois, le 20 janvier 1514, fut ensevelie à Saint-Denis, où lui fut alors élevé un tombeau de marbre blanc sur lequel on lisait l'épitaphe suivante :

La terre, monde et le ciel ont divisé madame
Anne qui fut des Roys Charles et Louis la femme.
La terre a pris le corps qui gist sous cette lame
Le monde aussi retient la renommée et fame
Perdurable à jamais sans être blasme Dame
Et le ciel pour sa part a voulu prendre l'âme.

En 1527, le corps de cette princesse fut exhumé et placé avec celui de son mari dans le monument que François Ier leur avait fait élever.

FRANÇOIS Ier.

« Dieu, le voulant retirer à soi *pour* le faire jouir du repos éternel, lui envoya une fièvre de laquelle il mourut à Rambouillet, le 31 mars de l'an 1547. »

Le roi François Ier fut inhumé à Saint-Denis, et on lui éleva, de l'autre côté de la chapelle des Charles, le magnifique tombeau de marbre blanc que l'on voit encore aujourd'hui si complètement conservé et si parfaitement rétabli [11].

Dans le caveau placé sous le tombeau on ensevelit, avec le roi, la reine Claude, sa femme, morte en 1524 ; François, leur fils, dauphin, mort en 1533 ; Charles, duc d'Orléans, leur autre fils, mort en 1545, et Charlotte, leur deuxième fille, morte tout enfant. Ce sont les effigies de ces princes que l'on voit en prière sur la plate-forme du tombeau, entourant les statues de leurs père et mère dans la même attitude.

Dans le caveau on ensevelit également la mère du roi, Louise de Savoie, duchesse d'Angoulême, dont la statue ne fut pas jointe aux précédentes ; son épitaphe était ainsi conçue :

Loysa Francisci régis mater obiit m. d. xxxi.

LE CARDINAL DE BOURBON.

Le cardinal Louis de Bourbon Vendôme, évêque et duc de Laon, archevêque de Sens, pair de France, abbé de Saint-Denis, etc., mourut à Paris le 11 mars 1557. Il fut inhumé dans la cathédrale de Laon, et son cœur fut porté à Saint-Denis, où on lui éleva une colonne de marbre surmontée de sa statue, également de marbre, et sous laquelle furent déposés son cœur et ses entrailles.

En 1793 la statue a été brisée ; la colonne seule existe aujourd'hui et a été rétablie à *Saint-Denis* à sa place primitive.

HENRI II.

Le roi Henri II mourut le 10 juillet 1559, à l'hôtel des Tournelles, des suites de la blessure qu'il reçut de la main de Gabriel de Montgomery, dans un tournoi donné à l'occasion du mariage de sa fille aînée avec le roi d'Espagne, et de sa sœur avec le duc de Savoie.

Sa veuve, Catherine de Médicis, fit élever à la mémoire de ce prince un magnifique tombeau, chef-d'œuvre de Germain Pilon, *qui a* été replacé à Saint-Denis, à gauche du grand autel, près la porte qui conduit au cimetière des Valois. Ce monument admirable nous est parvenu dans un état de conservation relativement parfaite, et il faut d'autant mieux s'en étonner que les quatre statues qui décorent les côtés du tombeau, étant de bronze, avaient été destinées à rejoindre à la fonte tous les autres cénotaphes de métal découverts jusque-là C'est par miracle qu'elles ont été sauvées.

Sous le tombeau qui était placé au centre de la chapelle des Valois, construite par Philibert Delorme, était un assez vaste caveau où furent successivement déposés tous les cercueils contenant les restes des princes et princesses de la descendance d'Henri II. On y réunit Henri II,

Catherine de Médicis, leurs cinq fils, François II, Louis (mort enfant), Charles IX, Henri III et le duc d'Alençon ; trois de leurs cinq filles, qui furent : Isabeau, reine d'Espagne, Claude, duchesse de Lorraine, Marguerite, reine de Navarre, et les princesses Jeanne et Victoire, mortes en bas âge. Ces trois dernières seulement furent ensevelies dans le caveau paternel, où l'on plaça encore une fille de Charles IX.

Aucun de ces onze cercueils ne portait d'inscription, à l'exception de celui du duc d'Alençon, où était consignée la date de sa mort :

Le dixième juin mil cinq cent octante quatre.

On avait encore placé dans ce même caveau deux cœurs enfermés dans des enveloppe ? de plomb, sur l'une desquelles on lisait :

Cor Cathar. de Medicis, Henrici II uxoris, Casti Caroli IX et Henrici III Regum Christianiss. matris obiit 1589 [12].

Le graveur a oublié François II dans l'énumération.

La reine Catherine survécut trente ans à son mari ; elle mourut à Blois, à l'âge de soixante-neuf ans, le 5 janvier 1589. Ensevelie d'abord dans l'église Saint-Sauveur, de cette ville, elle ne fut transportée à Saint-Denis que le 5 avril 1609, et déposée dans le caveau de famille, sous le mausolée qu'elle avait fait élever à son mari. Sa statue fut alors placée sur le tombeau, à côté de celle de Henri II.

Joachim du Bellay, qui mourut un an après le roi, avait composé en son honneur une épitaphe quelque peu prolixe, et qui fut placée près du tombeau de Henri II, à la grille du chœur [13].

FRANÇOIS II.

« Sa mort advint — le 5 décembre 1560 — par une défluxion d'humeur qui lui descendait du cerveau dans l'oreille gauche, laquelle, s'étant formée en apostume et ne pouvant trouver de conduit pour passer, l'étouffa. »

Nous avons vu que François II fut enseveli dans le caveau de son père, sans qu'aucun monument spécial fût consacré à sa mémoire dans l'église de Saint-Denis. Je parlerai plus loin de la colonne de marbre que Charles IX lui fit élever dans l'église des Célestins.

CHARLES IX.

Il mourut le 30 mai 1574, des suites « d'une fièvre pulmonique, » ainsi que l'assure dom Millet, « fièvre causée par les excès qu'il fit à la chasse, et aussi par ses grandes veilles. »

Un poëte du temps composa en son honneur deux longues épitaphes en vers latins, qu'on voyait gravées sur une lame de cuivre placée près du tombeau de Henri II. Il résulte de la lecture de la première que Charles IX fut le plus grand *roi de* la chrétienté, et il est certifié dans la seconde que la porte du ciel s'est ouverte toute grande devant un aussi bon prince, sans doute pour le récompenser d'avoir ordonné — ou souffert — les massacres de la Saint-Barthélemy.

Charles IX n'eut pas non plus de tombeau. Son corps fut descendu dans le caveau de la famille de Henri II. On plaça à côté de son cercueil celui de la princesse Marie, née de lui et de sa femme Elisabeth, fille de Maximilien II, laquelle était morte en bas âge.

HENRI III.

« Ce prince, assiégeant Paris, qui s'était révolté, fut frappé d'un coup de couteau par un assassin *qui* ne mérite pas qu'on le nomme, le deuxième jour d'août 1589, et mourut le lendemain. »

On porta son corps à Compiègne, où il resta jusqu'en 1610. Cette même année, la reine Marie de Médicis ordonna ses funérailles, et son inhumation à *Saint-Denis* dans le caveau de Henri II. Mais, comme on était au lendemain de la mort de Henri IV, dont la cérémonie funèbre se préparait, il n'y eut aucune pompe pour ledit enterrement ; le corps ayant été placé dans le caveau, rien ne rappela, dans l'église haute, qu'un *roi de* France de plus était venu reposer sous ses dalles funèbres.

Le cœur de Henri III avait été déposé dans l'église de Saint-Cloud, où le secrétaire intime et particulier de ce prince, Charles Benoise, fit élever à sa mémoire une colonne torse en marbre de couleur surmontée d'un vase qui contenait le cœur, et qui fut détruit dans le pillage de l'église de Saint-Cloud. La colonne a été conservée et transportée à Saint-Denis. On y lit l'inscription suivante :

Adsta, viator, et dole regum vicem.
Cor régis isto conditum est sub marmore
Qui jura Gallis, Sarmatis jura dédit,
Tectus cucullo hunc subtulit sicarius.
Abi, viator, et dole regum vicem [14].

HENRI IV.

Le roi étant mort le 14 mai 1610, assassiné par Ravaillac, fut aussitôt embaumé Son cœur fut donné aux Jésuites, pour être placé dans l'église de leur collége de la Flèche, qu'avait fondé le roi.

Le 18 mai, il y eut transport solennel à *Saint-Denis* des entrailles du roi, déposées dans un seau de plomb destiné à être placé sous son cercueil.

Pendant ce temps le corps était gardé au Louvre, dans une chapelle ardente, où l'on ne cessait de prier nuit et jour. Il y avait dans la journée six messes hautes et cent messes basses, qui se disaient aux deux autels de la chambre et à ceux qu'on avait dressés le long de la galerie. Le corps resta ainsi dix-huit jours exposé ; on le descendit ensuite dans la salle d'honneur, tendue des plus riches tapisseries de la couronne. On y dressa l'effigie, devant laquelle les officiers servirent les viandes qu'ils distribuaient ensuite aux pauvres, ce qui se continua jusqu'au 21 juin. Ce jour-là, la salle d'honneur fut transformée en une chambre funèbre, où le cercueil fut placé sur une table couverte de velours noir croisé de satin blanc, aux armes de France et de Navarre, avec un dais également noir et ornementé de drap d'or.

Le mardi 29 juin, les funérailles eurent lieu à Paris. Le corps fut porté à Notre-Dame, en magnifique appareil ; toutes les rues que suivit le cortége étaient tendues de drap noir garni d'écussons aux armes du roi et de la ville, et d'espace en espace il y avait des torches allumées. Un service solennel fut célébré dans la cathédrale, au milieu de tous les grands du royaume et d'une assemblée considérable, où le peuple avait pu trouver place.

Le 30 juin, le corps fut porté à Saint-Denis. Une affluence de gens de toutes les classes était accourue sur le passage du funèbre convoi et se joignait, en même temps qu'il avançait, à la foule qui l'accompagnait déjà. On arriva si tard à Saint-Denis, que l'office suprême ne put y être célébré qu'à onze heures du soir.

On descendit ensuite le cercueil dans le caveau où se faisaient habituellement les dernières cérémonies des funérailles, et qui est devenu le caveau des Bourbons. Sur le cercueil on lisait simplement l'inscription suivante sur une lame de plomb :

Ici gît le corps de Henry, par la grâce de Dieu quatrième de ce nom, roi de France et de Navarre, très chrétien, qui trépassa en son chateau du Louvre à Paris le 14 de mai, l'an de grâce mil six cent dix.

MARGUERITE DE NAVARRE.

La reine Marguerite, fille de Henri II, fut mariée, en 1572, à Henri de Navarre, qui fut Henri IV. Son mariage fut cassé par *le* pape Clément VIII, en 1599, pour cause d'inconduite « et actes méchans qui faschèrent fort ce bon roy ». Retirée en Auvergne, puis à Paris, Marguerite mourut le 27 mars 1615, dans le palais qu'elle s'était fait construire rue de Seine. Son corps fut le dernier placé dans le caveau du roi Henri II.

LE CAVEAU DES BOURBONS.

Cependant le caveau où avait été déposé le cercueil d'Henri IV, et qui devait être provisoire, devint bientôt définitif. En 1627, comme ce prince n'avait pas encore de tombeau, les notables du royaume avaient supplié le roi Louis XIII d'ordonner qu'il fût élevé à *Saint-Denis* un monument digne de la grande et glorieuse mémoire du roi son père. La demande ne fut pas prise en considération ; et, comme depuis la mort d'Henri IV étaient survenus les décès du duc d'Orléans, son fils, mort en 1611, et de la duchesse de Montpensier, femme de Gaston d'Orléans, morte en 1627, on réunit leurs cercueils à ceux du roi. dans le caveau où il était depuis 1610, et on l'agrandit en y joignant la partie centrale de la crypte vide alors de tombeaux.

Louis XIII, mort le 14 mai 1643, trente-trois ans jour pour jour après son père, y est inhumé à son tour ; tous les membres de sa famille, et bientôt aussi les princes et princesses de la lignée de Louis XIV, se succèdent et s'entassent dans la funèbre galerie, qui devient trop étroite pour les contenir, à ce point qu'un jour la place manque pour une royale morte, qu'on fut obligé de faire attendre !... En effet, la reine Marie-Thérèse, cette épouse délaissée de l'amant de La Vallière, étant morte en 1683, on s'aperçut qu'il n'y avait plus de place pour elle dans la souterraine nécropole. « On dut, dit Félibien, travailler à l'agrandir, ce *qui* ne put se faire sans beaucoup de peine et de risque [15]. Les ingénieurs du roi qui furent envoyés pour en donner les moyens firent percer par dessous le chevet, à l'endroit où était une chapelle de saint Demètre, un petit corridor de trois pieds sur sept de haut. Les ouvriers voûtaient à mesure qu'ils avançaient, et dans la poursuite de leur ouvrage ils découvrirent quelques tombeaux dont on ne reconnut que celui de l'abbé Antoine de la Haye, par une inscription qu'on y trouva. Enfin, après avoir poussé environ sept toises et demie, les ouvriers arrivèrent à l'ancien caveau, de sorte qu'il a été aisé d'y joindre, par ce corridor de communication, un caveau spacieux qui occupe aujourd'hui, dessous le chevet, l'ancienne crypte où étaient autrefois les corps des saints martyrs. La place est de neuf toises de long sur environ deux toises et demie dans sa plus grande largeur. »

L'agrandissement du caveau étant terminé, la reine Marie Thérèse y prit place un mois après sa mort, le 31 août 1683, et on y déposa, à leur rang et dans l'ordre de leur décès, tous les princes et princesses de la lignée de Henri IV.

J'ai sous les yeux le dessin de ce caveau, publié, en 1707, dans l'ouvrage de Félibien. On voit au fond à droite les cercueils du roi Henri IV et de la reine Marie de Médicis, sa femme ; devant eux sont Anne d'Autriche et Marie-Thérèse, l'une mère et l'autre femme de Louis XIV ; à gauche se trouvent vingt cercueils [16] de princes et princesses rangés en ligne l'un près de l'autre : ce sont les enfants et petits-enfants d'Henri IV, de Louis XIII et de Louis XIV. A l'entrée du caveau, tout à fait à l'autre bout du long couloir qui y conduit, et dans la salle dite des cérémonies, est le cercueil de Louis XIII qui attendra jusqu'en 1715 que Louis XIV veuille bien lui permettre d'aller prendre sa place, tandis que lui-même viendra prendre la sienne.

Tous ces cercueils sont posés sur des barres de fer ; ils sont tous en plomb, et renferment un cercueil de bois qui contient le corps embaumé. Sous ces barres de fer sont placées les entrailles, dans des seaux également de plomb, dont 93 va faire des boulets et des balles. Les cercueils ne sont recouverts par aucun monument et n'ont pas d'épitaphe louangeuse et prolixe ; mais sur une simple feuille de plomb ou de cuivre est inscrit le nom du mort avec les dates de sa naissance et de son décès.

Le dauphin, fils aîné de Louis XVI, étant mort le 4 juin 1789, fut le dernier prince placé dans le caveau des Bourbons, qui compta ce jour-là cinquante-quatre cercueils ! Ce jour là aussi il était au complet. Le jeune prince y trouva tout juste sa place, et il fallut penser à établir un nouveau lieu de sépulture. La Révolution se chargea de rendre la besogne inutile ; « elle a balayé » les morts de douze siècles, et elle a préparé des tombes immenses sous les dalles sombres et dans les caveaux lugubres pour une innombrable lignée d'empereurs et de rois !...

LE DUC DE CHATILLON.

Le duc de Chatillon ayant été tué, en 1649, à la prise de Charenton, fut, par ordre de la reine régente, et au nom du roi, enseveli à Saint-Denis « pour les grands et considérables services » qu'il avait rendus à l'État. Sa tombe était en pierre, avec son épitaphe gravée.

LE MARQUIS DE SAINT-MAIGRIN.

Le marquis de Saint-Maigrin (Jacques Stuer de la Caussade) fut tué, le 2 juillet 1652, au combat du faubourg Saint-Antoine, sous les yeux mêmes de Louis XIV. Il était alors lieutenant général et capitaine-lieutenant des chevau-légers de la garde du roi. « Nous avons résolu, dit la lettre royale adressée aux religieux de Saint-Denis, de lui faire faire un service à nos despens, et ordonner que son corps soit enterré dans la même esglise où les rois, nos prédécesseurs, ont estably le lieu de leur sépulture, plusieurs desquels ont honoré de semblables faveurs les grands et illustres personnages qui les avoient dignement servis. »

Ce général fut enseveli à Saint-Denis, sous un monument de plomb, en forme de trophée, modelé par Slodtz.

LE VICOMTE DE TURENNE.

Le monument de Turenne est, dit Félibien, « le plus considérable, tant par la beauté du dessin, qui paraît singulier, que par l'excellence du travail. On y a représenté ce grand capitaine comme expirant entre les bras de l'immortalité, au milieu des trophées de ses victoires. Il a pour vêtement un corps de cuirasse, couvert d'un grand manteau, avec une chaussure à la romaine [17]. Aux deux côtés du tombeau sont deux grandes figures de femmes assises qui expriment l'une la sagesse et l'autre la valeur. On a donné à la première de ces figures divers symboles, car, outre un autel et des livres, elle a encore auprès d'elle un grand vase d'où sortent quantité de pièces d'argent monnayé pour indiquer la libéralité du héros. »

Turenne avait été tué à Saltzbach le 27 juillet 1675.

Louis XIV ordonna, dans une lettre adressée aux religieux et datée de Saint-Germain, le vingt-deuxième jour de novembre 1675, que le héros fût enterré à Saint-Denis.

Cette lettre, qui est contre-signée Colbert, nous apprend que Louis XIV eut l'intention de faire élever dans l'église de Saint-Denis une chapelle pour la sépulture des rois et des princes de la branche royale de Bourbon, « où nous voulons, continue la lettre, que, lorsqu'elle sera achevée, le corps de nostre dit cousin (Turenne) y soit transféré pour y estre mis en lieu honorable, suivant l'ordre que nous en donnerons. »

En attendant l'exécution de cette chapelle, qui ne fut jamais commencée, la famille de Turenne lui fit élever dans la chapelle Saint-Eustache, à Saint-Denis, le magnifique monument que la Révolution a respecté et qu'on voit aujourd'hui à l'hôtel des Invalides.

Ce tombeau était de marbre blanc, élevé devant une pyramide de marbre vert ; le tout était placé dans une grande arcade incrustée de marbre blanc sur un fond de marbre noir. Un bas-relief de bronze nous montre Turenne chargeant l'ennemi à Eurckeim. Le Brun avait donné les dessins de ce chef-d'œuvre, qu'avaient exécuté Baptiste Tuby et des Marcy [18].

Je consens à tout admirer dans l'ordonnance aussi bien que dans l'exécution de ce superbe mausolée ; mais je ne puis contempler, sans sourire, le héros vêtu à la romaine et coiffé d'une longue perruque à boucles à la Louis XIV !...

La famille de Turenne voulut faire inscrire au bas du tombeau quelques vers à la gloire de son valeureux parent ; elle demanda à un faiseur du temps, Chevreau [19], une petite composition qui rappelât à la postérité les services rendus au grand roi par son vaillant général. Chevreau produisit la pièce suivante, qui n'est pas d'une très-haute poésie, mais dont cependant la conclusion n'est pas trop mal trouvée :

Turenne a son tombeau parmi ceux de nos Rois ;
C'est le fruit glorieux de ses fameux exploits ;
On a voulu par là couronner sa vaillance,

Afin qu'aux siècles à venir
On ne fît point de différence

De porter la couronne ou de la soutenir.

Mais on avait compté sans Louis XIV ! Le rapprochement final blessa l'orgueil incommensurable du grand roi, et il défendit que les vers de Chevreau fussent gravées sur le monument, où, en effet, aucune inscription ne rappelle le nom, les qualités et l'âge du héros. On dut se borner, pour ne pas encourir les effets du mécontentement royal, à faire graver sur le cercueil placé dans le sarcophage la simple épitaphe que voici :

Cy est le corps de Sérénissime Prince Henry de la Tour d'Auvergne, vicomte de Turenne, mareschal général des camps et armées du Roy, colonel général de la cavalerie légère de France, gouverneur du haut et bas Limosin, etc., lequel fut tué d'un coup de canon le XXVII de juillet de l'an M. DC. LXXV.

[1] *Histoire de France,* tome II. Voyez aussi les *Diplômes et Chartes* publiés par Bréquigny et Laporte Dutheil, vous y trouverez une prescription royale pour l'établissement d'une foire annuelle près de Paris, dans un lieu peu éloigné de la porte Saint-Martin actuelle ; tous les droits et péages sur les marchands qui se rendront à cette foire sont concédés à l'abbaye de Saint Denis. Ces droits revenaient alors au roi et non aux corps municipaux.

[2] Le siége dit *de Dagobert,* qu'on voit au musée des Souverains, a longtemps appartenu au trésor de Saint-Denis. Malgré l'étiquette, il n'est pas très-probable qu'il vienne d'aussi loin, non plus que quelques-uns des objets qui l'entourent et qui sont catalogués comme ayant appartenu et servi à des princes de la première et de la deuxième race de nos rois.

[3] Voyez la *Vie de Suger,* par le carme, puis abbé de la Trappe Dom Gervaise. — Paris, 1720, 3 volumes.

<u>4</u> Il est tombé l'abbé Suger, la fleur, le diamant, la couronne, la colonne, le drapeau, le bouclier, le casque, le flambeau, le plus haut honneur de l'Église ; modèle de justice et de vertu ; grave avec piété, pieux avec gravité ; magnanime, sage, éloquent, libéral, honnête, toujours présent de corps au jugement des affaires d'autrui, et l'esprit toujours présent pour lui-même. Le roi gouverna prudemment par lui les affaires du royaume, et lui, qui gouvernait, était comme le roi du roi. Pendant que le roi passa plusieurs années outre-mer, Suger, tenant la place du roi, présida aux soins du royaume. Il réunit deux choses qu'à peine quelque autre a pu réunir : il fut bon pour les hommes et bon pour Dieu. Il répara les portes de sa noble église, en embellit le siége et le chœur, et la fit croître en éclat, puissance et serviteurs. Petit de corps, petit de race, et atteint ainsi d'une double petitesse, il ne voulut pas demeurer petit. Le septième jour de sainte Théophanie lui a ravi la lumière ; mais Théophanie lui a donné la véritable lumière, qui est celle de Dieu.

<u>5</u> Double erreur ; Dagobert a régné de 622 à 638, année de sa mort.

<u>6</u> Religieux bénédictin de la congrégation de Saint-Maur. Il a publié un petit livre devenu aujourd'hui aussi rare qu'il est curieux : *Le Trésor sacré de l'abbaye royale de Saint-Denis, et les Tombeaux des rois et reines ensépulturez en icelle, depuis le roy Dagobert jusques au roy Henri le Grand.* 2e édition, Paris, 1633. avec privilége du roi. Se vendait à Paris chez Jean Billaine, rue Saint-Jacques, à l'enseigne de Saint-Augustin.

<u>7</u> Louis, son premier enfant, était mort en 1236. On avait aussi rapporté de Royaumont à Saint-Denis, en 1791, sa tombe, qui était de bois, plaquée en cuivre émaillé.

<u>8</u> J'ai lu et relu cette épitaphe. Il y a évidemment ici erreur de date. Charles IV étant mort en 1327 ou 1328, sa fille, mourant elle-même en 1361, n'aurait pas été aussi « jeune » que le *dit* l'histoire, qui la fait mourir « très-jeune ».

9 Sa mère était la trop fameuse Marguerite de Bourgogne, première femme de Loui le Hutin. Cette impudique princesse était fille de Robert II, duc de Bourgogne, et petite fille, par sa mère, du pieux roi saint Louis. Convaincue d'adultère, elle fut enfermée, en 1314 au château de Gaillard, près les Andelys, où elle fut étranglée avec une serviette. Son amant, Philippe d'Aulnay, qu'a illustré le drame archi-centenaire de *la Tour de Nesle*, de Gaillardet et Alex. Dumas, fut saisi par ordre du roi et écorché vif, un an après la mort de sa royale maîtresse. D'après le drame précité, l'amant de la reine était en même temps son fils naturel ; cette hideuse complication a été imaginée pour les besoins de l'intrigue, mais elle n'est nullement historique.

10 Il a été entièrement détruit et fondu en 1793.

11 C'est le plus magnifique tombeau qui soit à Saint-Denis. Il est d'une ordonnance admirable, d'un travail complet, d'un goût parfait. Les bas-reliefs qui le décorent sont des chefs-d'œuvre d'habileté et de finesse ; les corps du roi et de la reine, étendus sur le mausolée, ont une expression indéfinissable. Si le gardien vous ouvre la grille qui entoure ce superbe objet d'art, obtenez qu'il vous permette de monter sur le premier entablement, et vous apercevrez dans l'horreur de la mort ces corps de marbre, sculptés sur les moulages faits après le décès. Faites de même pour les tombeaux de Louis XII et de Henri II.

12 Le cœur du roi avait été déposé, dans l'église des Célestins, dans un vase d'or que supportait le groupe des trois Grâces de Germain Pilon, qu'on voit aujourd'hui au Louvre, avec un vase nouveau de bois doré, qui remplace assez mal l'ancien L'artiste *a* donné les traits et la ressemblance de la reine à l'une de ses trois statues.

13 Elle était placée sur un grand tableau où, vu sa longueur, le passant ne la lisait guère. Elle commence ainsi :

Par mes vers j'ay semé tes faits par l'univers,
Or, hélas ! à ta mort me faut donner des vers !

Elle se termine par les mensonges officiels que les poëtes de tous les temps n'ont jamais marchandés aux grands de la terre :

> Et come au bon Titus, les bons Pères romains
> Donnèrent ce surnom, délices des humains,
> Mettez sur son tombeau en graveure profonde :
> Cy gist le roy Henri, qui fut l'amour du monde !

Lisez tout au long cette curieuse pièce dans le deuxième volume du beau Joachim du Bellay, qui fait partie de la collection dite *la Pléiade française*, publiée par A. Lemerre, l'habile et intelligent éditeur du passage Choiseul.

14 Arrête-toi passant, et plains le sort des rois ! Sous ce marbre est enfermé le cœur d'un roi qui dicta des lois aux Sarmates et aux Gaulois. Un moine assassin l'a frappé (*textuellement* un assassin coiffé d'un capuchon). Suis ton chemin, passant, et pleure le sort des rois !...

15 Le plan, dit M. de Guilhermy, consistait à mettre en communication, au moyen d'une galerie, le caveau des cérémonies, situé dans la partie méridionale du transept, et l'ancien sanctuaire de la crypte, placé sous le rond-point de l'abside. Ce travail présentait des difficultés assez grandes ; il s'agissait de frayer un passage au milieu de tombeaux et de vieilles constructions, au risque d'ébranler les fondations et les piliers.

16 Le caveau contenait donc vingt-quatre cercueils, sans compter celui de Louis XIII, placé dans la salle des cérémonies, et attendant son successeur, qui n'est venu que soixante-douze ans après, et *qui a* aussi attendu cinquante neuf ans que Louis XV arrivât à son tour, lequel, par exemple, a vu venir ceux qu'il n'attendait pas !...

17 Et une perruque !...

18 Le groupe qui nous montre Turenne dans les bras de l'Immortalité est de Tuby ; les statues de la Sagesse et de la valeur sont de des Marcy.

19 Chevreau (Urbain), mort à 88 ans, en 1701. Il avait été un moment secrétaire de la reine Christine de Suède ; voyageur intrépide, poète, historien, auteur dramatique, et même pendant quelque temps précepteur du duc du Maine, il n'a laissé, malgré tout, qu'une médiocre réputation et quelques ouvrages oubliés. Le recueil dit *Chevræana,* où l'on a réuni la quintessence de son esprit et de ses œuvres, contient quelques parties amusantes. Il est peu demandé à la bibliothèque, où je ne l'ai obtenu qu'après de longues recherches.

DEUXIÈME PARTIE

PROFANATION DES TOMBES ET VIOLATION DES CERCUEILS ROYAUX

L E *Moniteur* du 6 février 1793 publiait, en variété littéraire, des fragments d'une ode de Lebrun, qui venait de paraître, et dont voici le titre textuel :

Ode patriotique sur les évènements de l'année 1792, du 10 août au 13 novembre, par le citoyen Lebrun.

A Paris, de l'imprimerie de Didot jeune.

On lisait dans cette ode, remplie des sentiments les plus violents et des images les plus exaltées, la strophe suivante :

Purgeons le sol des patriotes,
Par des rois encore infecté ;
La terre de la liberté
Rejette les os des despotes !
De ces monstres divinisés
Que tous les cercueils soient brisés !
Que leur mémoire soit flétrie !...
Et qu'avec leurs mânes errans
Sortent du sein de la patrie
Les cadavres de ses tyrans !...

Ces vers servirent en quelque sorte de prélude et d'avant-propos à la discussion qui s'ouvrit à la Convention nationale, quelques mois plus tard, sur la proposition qui fut faite de détruire les monuments des rois à

Saint-Denis, de brûler leurs restes et d'envoyer à la fonte des boulets et des balles le bronze et le plomb de leurs tombeaux et de leurs cercueils.

Dans la séance du 31 juillet 1793, Barrère lut à la Convention, au nom du Comité de salut public, un long rapport où il exprimait le vœu « que pour célébrer la journée du 10 août, qui a abattu le trône, il fallait dans son anniversaire détruire les mausolées fastueux qui sont à Saint-Denis. Dans la monarchie, les tombeaux mêmes avaient appris à flatter les rois ; l'orgueil et le faste royal ne pouvaient s'adoucir sur ce théâtre de la mort, et les porte-sceptre qui ont fait tant de maux à la France et à l'humanité semblent encore, même dans la tombe, s'enorgueillir d'une grandeur évanouie. La main puissante de la République doit effacer inpitoyablement ces épitaphes superbes et démolir ces mausolées qui rappelleraient des rois l'effrayant souvenir. »

La Convention ne pouvait manquer de rendre, avec unanimité et acclamation, un décret conforme aux conclusions du rapport, et « considérant que la patrie était en danger et manquait de canons pour la défendre, » elle décida « que les tombeaux et mausolées des ci-devant rois, élevés dans l'église de Saint-Denis, dans les temples et autres lieux dans toute l'étendue de la République, seraient détruits le 10 août suivant » ; elle nomma des commissaires « qui devront se transporter à Saint-Denis à l'effet d'y procéder à l'exhumation des ci-devant rois et reines, princes et princesses que renferment les caveaux de l'abbaye, et ordonne que leurs cercueils seront brisés, et le plomb fondu et envoyé aux fonderies nationales. »

Un ancien bénédictin de l'abbaye de Royaumont, dom Poirier [1], fut nommé par l'Institut « commissaire chargé de surveiller l'exhumation ». Ce savant religieux a consigné, dans un précieux rapport où il a dressé jour par jour le procès-verbal de la démolition des tombeaux et de l'exhumation des cercueils, les notes les plus curieuses sur ce qu'ils contenaient. C'est ce rapport même qu'on va lire, augmenté des détails que d'autres recherches m'ont permis d'y intercaler.

I

DÉMOLITION DES TOMBEAUX.

Nota. Tous les monuments dont le détail suit ont été détruits pendant les journées et les nuits des 6, 7 et 8 août 1793, de sorte que l'on put annoncer au peuple de Paris et dans toute la France, pour l'anniversaire du 10 août 1792, « cette grande, juste et réparatrice destruction, indispensable pour permettre d'ouvrir les cercueils et de jeter les restes des tyrans dans une fosse remplie de chaux où ils seraient à jamais consumés, opération qui ne saurait tarder d'avoir lieu. »

*
* *

SITUATION DES TOMBEAUX [2].

Dans le sanctuaire du côté de l'Épître.

On y voyait le tombeau du roi Dagobert, mort en 638, et deux statues de pierre de liais, l'une couchée, l'autre en pied, ainsi que celles de la reine Nantilde, sa femme, et du roi Clovis, leur fils, également en pied.

On fut obligé de briser la statue du roi, parce qu'elle faisait partie du massif du tombeau et du mur, ainsi que celle de Clovis ; on a conservé le reste du tombeau qui représente la vision d'un ermite, au sujet de ce que l'on dit être arrivé à l'âme de Dagobert après sa mort, parce que ce morceau de sculpture peut servir à l'histoire de l'art et à celle de l'esprit.

Dans la croisée du chœur, du côté de l'Épître, le long des grilles.

Le tombeau de Clovis II, mort en 656, en pierre de liais ; celui de Charles Martel, père de Pépin, mort en 741, en pierre, et ceux de Pépin, son fils, mort en 768, et de Berthe ou Bertrade, sa femme, morte en 783

Ces tombeaux étaient de simples cercueils, couverts d'une large pierre sur laquelle on voyait couchées des statues en pierre de liais.

Du côté de l'Évangile, le long des grilles.

Le tombeau de Carloman, fils de Pépin et frère de Charlemagne, mort en 771, en pierre, et celui d'Hermentrude, femme de Charles le Chauve, morte en 869.

Ce sont encore deux cercueils de pierre sur lesquels sont couchées des statues également en pierre.

Du côté de L'Épître.

Le tombeau de Louis III, fils de Louis le Bègue, mort en 882, et celui de Carloman, frère de Louis III, mort en 884 ; l'un et l'autre en pierre.

Du côté de l'Évangile.

Le tombeau d'Eudes le Grand, oncle de Hugues Capet, mort en 898, et celui de Hugues Capet, mort en 996.

Celui de Henri Ier, mort en 1060 ; de Louis VI, dit *le Gros,* mort en 1137, et celui de Philippe, fils aîné de Louis le Gros, couronné du vivant de son père, mort en 1131.

Celui de Constance de Castille, seconde femme de Louis VII, dit *le Jeune,* morte en 1159.

Tous ces monuments étaient en pierre et avaient été construits sous le règne de saint Louis, au XIIIe siècle. Ils contenaient chacun deux petits cercueils en pierre d'environ trois pieds de long, recouverts d'une pierre en dos d'âne, où étaient renfermées les cendres de ces princes et princesses.

Dans la croisée du chœur, du côté de l'Épître.

Le tombeau de Philippe le Hardi, mort en 1285, et celui d'Isabelle d'Aragon, sa femme, morte en 1272. Ces deux tombeaux étaient creux et contenaient chacun un coffre de plomb d'environ trois pieds de long sur huit pouces de haut ; ils renfermaient les cendres de ces deux époux.

Le tombeau de Philippe IV, dit *le Bel,* mort en 1314, à 46 ans.

Nota. Il faut remarquer que les petits cercueils ci-dessus décrits contenaient seulement les os, séparés des chairs, des deux princes. Comme ils étaient morts très-loin de Saint-Denis, on avait, selon l'usage, fait bouillir leurs corps dans de l'eau et du vin ; on se servait quelquefois aussi, pour cette opération, d'eau légèrement salée. Les restes de saint Louis n'arrivèrent à Saint-Denis qu'après avoir subi la même opération.

Côté de l'Évangile.

Louis X, dit *le Hutin,* mort en 1316, et le petit roi Jean, son fils posthume, mort cinq jours après sa naissance.

Aux pieds de Louis le Hutin, Jeanne, reine de Navarre, sa fille, morte en 1349.

Dans le sanctuaire (côté de l'Évangile).

Philippe V, dit *le Long,* mort le 3 janvier 1321, avec le cœur de sa femme, Jeanne de Bourgogne, morte le 21 janvier 1329 ; Charles IV, dit *le Bel,* mort en 1327, et Jeanne d'Évreux, sa femme, morte en 1370.

Chapelle de Notre-Dame-la-Blanche (côté de l'Épître).

Blanche, fille de Charles le Bel, duchesse d'Orléans, morte en 1392, et Marie, sa sœur, morte en 1361 ; plus bas deux effigies de ces deux princesses, en pierre adossées aux piliers de l'entrée de la chapelle.

Côté de l'Évangile.

Philippe de Valois, mort en 1350, et Jeanne de Bourgogne, sa première femme, morte en 1348.

Blanche de Navarre, sa deuxième femme, morte en 1398 ; Jeanne, fille de Philippe de Valois et de Blanche, morte en 1373. Plus bas, deux effigies, en pierre, de Blanche et de Jeanne, adossées aux piliers du bas de ladite chapelle.

Chapelle des Charles.

Charles V, dit *le Sage,* mort en 1380, et sa femme, Jeanne de Bourbon, morte en 1378.

Charles VI, mort en 1422, et Isabeau de Bavière, sa femme, morte en 1435.

Charles VII, mort en 1461, et Marie d'Anjou, sa femme, morte en 1463.

Revenus dans le sanctuaire, du côté du maître autel, côté de l'Évangile, le roi Jean II, dit *le Bon,* mort prisonnier en Angleterre en 1364.

Au bas du sanctuaire et des degrés, du côté de l'Évangile, le magnifique monument de Charles VIII, mort en 1498, dont l'effigie, ainsi que les anges qui ornaient ses quatre coins, avaient été retirés en 1792, fut démoli le 8 août.

Dans la chapelle de Notre-Dame-la-Blanche, on voyait les effigies, en marbre blanc, de Henri II et de Catherine de Médicis, sa femme, l'un et l'autre revêtus de leurs habits royaux, couchés sur un lit recouvert de lames de cuivre doré à leurs chiffres, et ornés de fleurs de lis.

Dans la chapelle des Charles, on voyait encore le tombeau du connétable Bertrand Du Guesclin, mort en 1380. Ce tombeau n'avait pas été compris dans le décret du 31 juillet, qui ne concernait que les rois et les reines. On le détruisit cependant ; mais son effigie, portée dans la chapelle où se trouvait le mausolée du grand Turenne, fut conservée avec soin.

Nota. Les cendres des rois et reines renfermées dans les cercueils ci-dessus mentionnés ont été déposées dans la vaste fosse creusée dans la cour située derrière l'église, à l'endroit même où se trouvait la magnifique chapelle des Valois. Cette chapelle, détruite en 1719, à cause de son peu de solidité, a été décrite avec le soin le plus minutieux par Félibien. Son livre donne même une reproduction gravée de cette belle construction, dont quelques restes remarquables, en forme de colonnade cintrée, ont été transportés et se voient encore aujourd'hui au parc de Monceaux. C'est dans cette chapelle qu'on voyait, entre autres merveilles, le tombeau du roi Henri II, qui en occupait le milieu.

Dans les cercueils de pierre dont le détail précède, on a trouvé très-peu de chose ; il y avait un peu de fil d'or faux dans celui de Pépin. Chaque cercueil contenait la simple inscription du nom sur une lame de plomb, et la plupart de ces lames étaient fort endommagées par la rouille.

Ces inscriptions, ainsi que les coffres de plomb, ont été transportées à l'hôtel de ville et de là à la fonte. Ce qu'on a trouvé de plus remarquable est le sceau d'argent, de forme ogivale, de Constance de Castille, deuxième femme du roi Louis VII ; il pèse trois onces et demie. Il est aujourd'hui à la Bibliothèque impériale.

Le 8 août au soir, la destruction des tombeaux était terminée, le massacre avait duré trois jours ! Cinquante et un tombeaux, chefs-d'œuvre progressifs de l'art pendant douze siècles, avaient été renversés en trois fois vingt-quatre heures !

Ce n'est que trois ans plus tard, en avril 1796, que le tombeau de Turenne, qu'on avait respecté, fut démoli avec le plus grand soin, puis transporté au musée des monuments français. Il a depuis trouvé place aux Invalides.

C'est en 1795 seulement qu'on enleva le plomb qui recouvrait l'église. Un an après, le 6 septembre 1796, on commença une nouvelle toiture avec de la tuile et des ardoises apportées de Paris ; mais ce travail marcha lentement, fut souvent interrompu, puis abandonné même avant d'avoir été terminé, et faute de matériaux suffisants.

Les grilles magnifiques en fer forgé, œuvre d'art du célèbre serrurier Pierre-Denis, qui les avait posées en 1702, furent également enlevées et transportées à Paris, à la bibliothèque du collége Mazarin.

Puis, comme pour se reposer des fatigues causées par un travail aussi considérable, accompli cependant en aussi peu de temps, les ouvriers se retirèrent, et ils ne reparurent que deux mois après, pour commencer une profanation bien autrement sacrilége, la violation des cercueils séculaires qui contenaient les cendres des reines et des rois !

II

EXTRACTION DES CERCUEILS ROYAUX.

Samedi, 12 octobre 1793.

Les membres composant la municipalité de Franciade, — nom que l'on donna à cette époque à la ville de Saint-Denis, — ayant donné l'ordre d'exhumer dans l'abbaye de Saint-Denis les corps des rois, des reines, des princes et princesses qui y avaient été inhumés pendant près de quinze cents ans, pour en extraire les plombs, conformément au décret rendu par la Convention nationale, les ouvriers, pressés de voir les restes d'un grand homme, s'empressèrent d'ouvrir le tombeau de Turenne. Ce fut le premier !

Quel fut leur étonnement, lorsqu'ils eurent démoli la fermeture du petit caveau placé immédiatement au dessous du tombeau de marbre que sa famille lui avait fait ériger, et qu'ils eurent ouvert le cercueil ! Turenne fut trouvé dans un état de conservation tel, qu'il n'avait pas été déformé et que les traits de son visage n'étaient point altérés ; les spectateurs, surpris, admirèrent dans ces restes glacés le vainqueur de Turkeim, et, oubliant le coup mortel dont il fut frappé à Saltzbach, chacun d'eux crut voir son âme s'agiter encore pour défendre les droits de la France.

Ce corps, nullement flétri et parfaitement conforme aux portraits et médaillons que nous possédons de ce grand capitaine, était en état de momie sèche et de couleur de bistre clair. Sur les observations de plusieurs personnes de marque qui se trouvèrent présentes à cette première opération, il fut remis au nommé Host, gardien du lieu, qui conserva cette momie dans une boîte de bois de chêne, et la déposa dans la petite sacristie de l'église, où il l'exposa pendant plus de huit mois aux regards des curieux, et ce ne fut qu'à cette dernière époque qu'il passa au Jardin des plantes, à la sollicitation du savant Desfontaines, professeur et membre de ce bel établissement [3].

On a ouvert ensuite le caveau des Bourbons, du côté des chapelles souterraines, et l'on a commencé par en tirer le corps de Henri IV, mort en 1610, à l'âge de 57 ans, ainsi que l'annonçait la plaque de cuivre posée sur son cercueil.

Le corps de ce prince s'est trouvé dans une telle conservation, que les traits de son visage n'étaient point altérés [4]. Il fut déposé dans les chapelles basses, enveloppé dans son suaire, qui était également conservé. Chacun eut la liberté de le voir jusqu'au lundi matin 14, qu'on le porta dans le chœur, au bas des marches du sanctuaire, où il est resté jusqu'à deux heures après midi ; il fut transporté de là dans le cimetière dit des Valois, puis jeté dans une grande fosse creusée dans le bas, à droite, du côté du nord, et remplie de chaux. Ce cadavre, considéré comme momie sèche, avait le crâne scié, et contenait à la place de la cervelle, qui en avait été ôtée, de l'étoupe enduite d'une liqueur extraite d'aromates, qui répandait une odeur encore tellement forte qu'il était presque impossible de la supporter. Un soldat qui était présent, mû par un martial enthousiasme au moment de l'ouverture du cercueil, se précipita sur le cadavre du vainqueur de la Ligue, et, après un long silence d'admiration, il tira son sabre, lui coupa une longue mèche de sa barbe, qui était encore fraîche, et s'écria en même temps, en termes énergiques et vraiment militaires : *Et moi aussi je suis soldat français* ! *Désormais je n'aurai plus d'autre moustache.* Et, plaçant cette mèche précieuse sur sa lèvre supérieure : *Maintenant je suis sûr de vaincre les ennemis de la France, et le marche à la victoire !* [5]

Le même jour 14 octobre, après le dîner des ouvriers, vers les trois heures après midi, on continua l'extraction des autres cercueils des Bourbons, savoir :

Louis XIII, mort en 1643 âgé de 42 ans ;

Louis XIV, mort en 1715, âgé de 77 ans ;

Marie de Médicis, seconde femme de Henri IV, morte en 1642, âgée de 68 ans ;

Anne d'Autriche, femme de Louis XIII, morte en 1666, âgée de 64 ans ;

Marie – Thérèse, infante d'Espagne, épouse de Louis XIV, morte en 1683, âgée de 45 ans ;

Louis, dauphin, fils de Louis XIV, mort en 1711, âgé de 50 ans.

Nota. Quelques-uns de ces corps étaient bien conservés, surtout celui de Louis XIII. Louis XIV l'était aussi ; mais sa peau était noire comme de l'encre. Les autres corps, et surtout celui du *grand dauphin*, étaient en putréfaction liquide.

Mardi 15 octobre 1793.

Vers les sept heures du matin, on a repris et continué l'extraction des cercueils des Bourbons, savoir :

Marie, princesse de Pologne, épouse de Louis XV, morte en 1768, âgée de 65 ans ;

Marie-Anne-Christine-Victoire de Bavière, épouse de Louis, grand dauphin, fils de Louis XIV, morte en 1690, âgée de 30 ans ;

Louis, duc de Bourgogne, fils de Louis, grand dauphin, mort en 1712, âgé de 30 ans ;

Marie-Adélaïde de Savoie, épouse de Louis, duc de Bourgogne, morte en 1712, âgée de 26 ans ;

Louis, duc de Bretagne, premier fils de Louis, duc de Bourgogne, mort en 1712, âgé de 6 ans ;

Marie – Thérèse, infante d'Espagne, première femme de Louis, dauphin, fils de Louis XV, morte en 1746, âgée de 20 ans ;

Xavier de France, duc d'Aquitaine, fils de Louis, dauphin, mort le 22 février 1734, âgé de cinq mois et demi ;

Marie-Zéphirine de France, fille de Louis, dauphin, morte le 2 septembre 1755, âgée de 5 ans ;

Marie-Thérèse de France, fille de Louis, dauphin, et de Marie-Thérèse d'Espagne, sa première épouse, morte le 27 avril 1748, âgée de 11 mois ;

Le duc d'Anjou, fils de Louis XV, mort le 7 avril 1733, âgé de 2 ans 7 mois et 3 jours.

On a aussi retiré du caveau les cœurs de Louis, dauphin, fils de Louis XV, mort à Fontainebleau le 20 décembre 1765, et de Marie-Josèphe de Savoie, son épouse, morte le 3 mars 1767.

Nota. Le plomb en figure de cœur a été mis de côté, et ce qu'il contenait a été porté au cimetière avec tous les cadavres des Bourbons. Les cœurs de plomb étaient couverts de vermeil ou d'argent ; les couronnes ont été déposées à la municipalité, et le plomb remis au commissaire du gouvernement nommé commissaire aux accaparements.

Ensuite on alla prendre les autres cercueils, à mesure qu'ils se présentaient, dans le caveau de droite et de gauche.

Le premier fut celui d'Anne-Henriette de France, fille de Louis XV, morte le 10 février 1752, âgée de 24 ans 5 mois 27 jours ;

Louise-Marie de France, fille de Louis XV, morte le 19 février 1733, âgée de 4 ans et demi ;

Louise-Élisabeth de France, fille de Louis XV, morte le 6 décembre 1739, âgée de 3 ans 3 mois 22 jours ;

Louis-Joseph-Xavier de France, duc de Bourgogne, fils de Louis, dauphin, et frère de Louis XVI, mort le 22 mars 1761, âgé de 9 ans et demi ;

Le duc d'Orléans, second fils de Henri IV, mort en 1611, âgé de 4 ans ;

Marie de Bourbon de Montpensier, première femme. de Gaston, morte en 1627, âgée de 22 ans ;

Gaston, Jean-Baptiste, duc d'Orléans, fils de Henri IV, mort en 1660, âgé de 52 ans ;

Anne Marie-Louise d'Orléans, duchesse de Montpensier, fille de Gaston et de Marie de Bourbon, morte en 1693, âgée de 66 ans ;

Marguerite de Lorraine, seconde femme de Gaston, morte le 3 avril 1672, âgée de 59 ans ;

Jean-Gaston d'Orléans, fils de Gaston, Jean-Baptiste, et de Marguerite de Lorraine, mort le 10 août 1652, âgé de 2 ans ;

Marie-Anne d'Orléans, fille de Gaston et de Marguerite de Lorraine, morte le 17 août 1656, à l'âge de 4 ans.

Nota. L'extraction des cercueils faite dans la journée du mardi 15 octobre n'offrit rien de remarquable ; la plupart des corps étaient en putréfaction ; il en sortait une vapeur noire et épaisse, d'une odeur infecte, que l'on chassait à force de vinaigre et de poudre à tirer, que l'on brûlait alternativement, ce qui n'empêcha pas les ouvriers de gagner des diarrhées et des fièvres qui n'eurent point de suites fâcheuses.

Mercredi 16 *octobre* 1793.

Vers sept heures du matin, on a continué l'extraction des corps et cercueils du caveau des Bourbons, et l'on commença par celui de Henriette-Marie de France, fille de Henri IV, épouse de Charles Ier, roi d'Angleterre, morte en 1660, âgée de 60 ans ;

Henriette Stuart, fille de Charles Ier, roi d'Angleterre, première femme de Monsieur, frère de Louis XIV, morte en 1670, âgée de 26 ans ;

Philippe d'Orléans, dit *Monsieur,* frère unique de Louis XIV, mort en 1701, âgé de 61 ans ;

Élisabeth-Charlotte de Bavière, seconde femme de *Monsieur,* morte en 1722, âgée de 70 ans ;

Charles de France, duc de Berri, petit-fils de Louis XIV, mort en 1714, âgé de 28 ans ;

Marie-Louise-Élisabeth d'Orléans, fille du duc régent du royaume, épouse de Charles, duc de Berri, morte en 1719, âgée de 24 ans ;

Philippe d'Orléans, petit-fils de France, régent du royaume sous la minorité de Louis XV, mort le 2 décembre 1723, âgé de 49 ans ;

Anne-Élisabeth de France, fille aînée de Louis XIV, morte le 30 décembre 1662, qui n'a vécu que 42 jours ;

Marie-Anne de France, seconde fille de Louis XIV, morte le 26 décembre 1664, âgée de 4 ans 1 jour ;

Philippe, duc d'Anjou, fils de Louis XIV, mort le 10 juillet 1671, âgé de 3 ans ;

Louis-François de France, duc d'Anjou, frère du précédent, mort le 4 novembre 1672, qui n'a vécu que 4 mois 17 jours ;

Marie-Thérèse de France, troisième fille de Louis XIV, morte le 1er mars 1672, âgée de 5 ans ;

Philippe-Charles d'Orléans, fils de *Monsieur*, mort le 8 décembre 1666, âgé de 2 ans 6 mois ;

Mademoiselle d'Orléans, fille de *Monsieur*, morte après sa naissance ;

Sophie de France, tante du roi Louis XVI, et sixième fille de Louis XV, morte le 3 mai 1782, âgée de 47 ans 7 mois et 4 jours ;

Mademoiselle de France, dite *d'Angoulême*, fille du comte d'Artois, morte le 23 juin 1783, âgée de 5 mois et 16 jours ;

Mademoiselle, fille du comte d'Artois, morte le 5 décembre 1783, âgée de 7 ans 4 mois et 1 jour ;

Sophie-Hélène de France, fille de Louis XVI, morte le 19 juin 1787, âgée de 11 mois 10 jours ;

Louis-Joseph-Xavier, dauphin, fils de Louis XVI, mort à Meudon le 4 juin 1789, âgé de 7 ans 7 mois et 13 jours.

Suite du mercredi 16 *octobre* 1793.

Vers les deux heures [6], avant le dîner des ouvriers, on enleva le cercueil de Louis XV, mort le 10 mai 1774, âgé de 64 ans ; il était à l'entrée du caveau, sur les marches, un peu de côté à main droite en entrant, dans une espèce de niche pratiquée dans l'épaisseur du mur ; c'était là que restait déposé le corps du dernier roi mort. On ne l'ouvrit, par précaution, que dans le cimetière, sur le bord de la fosse ; ce corps, retiré du cercueil de plomb, bien enveloppé de langes et de bandelettes, était tout entier, frais et bien conservé ; la peau était blanche, le nez violet et les fesses rouges comme celles d'un enfant nouveau-né, et nageant dans une eau abondante formée par la dissolution du sel marin dont on l'avait enduit, n'ayant pas été embaumé suivant l'usage ordinaire. On jeta de suite le corps dans la fosse, où l'on venait de préparer un lit de chaux vive, puis on le couvrit d'une couche de la même chaux et de terre par-dessus [7].

Nota. Les entrailles des princes et princesses étaient aussi dans ce caveau, dans des seaux de plomb déposés sous les tréteaux de fer qui portaient les cercueils. On les porta dans le cimetière, et on en retira les entrailles, qu'on jeta dans la fosse commune avec les cadavres ; les seaux de plomb furent mis de côté pour être portés, comme tout le reste, à la fonderie qu'on venait d'établir dans le cimetière même, pour fondre le plomb à mesure que l'on en découvrait.

Vers les trois heures après midi, on a ouvert, dans la chapelle dite *des Charles*, le caveau de Charles V, mort en 1380, âgé de 42 ans, et celui de Jeanne de Bourbon, son épouse, morte en 1377, également âgée de 42 ans ;

Charles de France, enfant, mort en 1386, âgé de 3 mois, était inhumé aux pieds du roi Charles V, son aïeul ; ses petits os, tout à fait desséchés, étaient dans un petit cercueil de plomb ; sa tombe de cuivre était sous le marche-pied de l'autel ; elle a été enlevée et fondue ;

Isabelle de France, fille de Charles V, morte quelques jours après sa mère, Jeanne de Bourbon, en 1378, âgée de 5 ans, et Jeanne de France, sa sœur, morte en 1366, âgée de 6 mois 14 jours, étaient inhumées dans la même chapelle, à côté de leurs père et mère. On ne trouva que leurs ossements sans cercueil de plomb, et quelques restes de planches pourries.

On a retiré du cercueil de Charles V une couronne de vermeil bien conservée, une main de justice d'argent et un sceptre en vermeil, portant environ cinq pieds, et surmonté d'un bouquet en feuillage, du milieu duquel s'élevait une grappe en corymbe, ce qui lui donne à peu près la forme d'un thyrse. Ce morceau d'orfévrerie, assez bien travaillé pour son époque, avait conservé tout son éclat.

Dans le cercueil de Jeanne de Bourbon, sa femme, on a découvert un reste de couronne, son anneau d'or, des débris de bracelets ou chaînons, un fuseau ou quenouille de bois doré, à demi pourri ; des souliers de forme pointue, assez semblables à ceux connus sous le nom de coulisses *à la poulaine*. Ils étaient en partie consumés, et laissaient voir encore les broderies en or et en argent dont on les avait ornés.

Jeudi 17 octobre 1793.

A sept heures du matin, on a fouillé dans le tombeau de Charles VI, mort en 1422, âgé de 54 ans, et dans celui d'Isabeau de Bavière, sa femme, morte en 1435 ; on n'a trouvé dans leurs cercueils que des ossements desséchés : leur caveau avait été enfoncé lors de la démolition du mois d'août même année. On retira ce qu'il y avait de précieux dans les cercueils.

Les corps de Charles V et de Jeanne de Bourbon, sa femme, de Charles VI et d'Isabelle de Bavière, sa femme, de Charles VII et de Marie d'Anjou, sa femme, retirés de leurs cercueils, ont été portés dans la fosse des Bourbons, qui fut recouverte immédiatement après, et l'on en ouvrit une autre à la gauche de celle-ci, dans laquelle on déposa de suite tous les autres corps trouvés dans l'église.

Le tombeau de Charles VII, mort en 1461, âgé de 59 ans, et celui de Marie d'Anjou, sa femme, morte en 1463, avaient été aussi enfoncés et pillés. On n'a trouvé dans leurs cercueils qu'un reste de couronne et de sceptre d'argent doré.

Le même jour 17 octobre, vers quatre heures du soir, dans la chapelle de Saint-Hippolyte, on a fait l'extraction de deux cercueils, savoir :

Celui de Blanche de Navarre, seconde femme de Philippe de Valois, morte en 1398, et de Jeanne de France, leur fille, morte en 1371, âgée de 20 ans. L'on n'a pas trouvé la tête de cette dernière ; elle fut probablement dérobée ou perdue, il y a plusieurs années, lorsqu'on fit l'ouverture de ce caveau pour réparer ladite chapelle.

On fit ensuite l'ouverture du caveau c'e Henri II, qui était fort petit ; on en retira d'abord deux cœurs : l'un était fort gros et l'autre plus petit ; comme ils n'étaient revêtus d'aucune inscription, on ignore de quels personnages ils viennent. Quatre cercueils en furent aussi retirés :

Celui de Marguerite de France, fille de Henri II, première femme de Henri IV, morte le 27 mai 1615, âgée de 62 ans ;

François, duc d'Alençon, quatrième fils de Henri II, mort en 1584, âgé de 30 ans ;

François II, qui a régné un an et demi, mort le 5 décembre 1560, âgé de 17 ans ;

Marie-Élisabeth de France, fille de Charles IX, morte le 2 avril 1578, âgée de 6 ans.

On ouvrit avant la nuit le caveau de Charles VIII, mort en 1498, âgé de 28 ans. Son cercueil de plomb était posé sur des tréteaux ou barres de fer, comme ceux des autres princes ; on n'y trouva que des os presque desséchés.

Vendredi 18 *octobre.*

Vers les sept heures du matin, on continua le travail commencé de la veille, et on retira quatre grands cercueils ; savoir :

Celui de Henri II, mort le 10 juillet 1559, âgé de 40 ans et quelques mois ;

Catherine de Médicis, femme de Henri II, morte le 5 janvier 1589, âgée de 70 ans ;

Henri III, mort le 2 août 1589, âgé de 38 ans ;

Louis d'Orléans, second fils de Henri II, mort au berceau ;

Jeanne de France et Victoire de France, toutes deux mortes en bas âge, et ses filles.

Ces cercueils étaient placés les uns sur les autres sur trois lignes ; au premier rang, à main droite en entrant, on voyait ceux de Henri II, de Catherine de Médicis et de Louis d'Orléans, leur second fils ; celui de Henri II était posé sur deux barres de fer, et les deux autres cercueils étaient placés sur celui de Henri leur père.

Au second rang, au milieu du caveau, étaient quatre autres cercueils placés les uns sur les autres, et les deux cœurs dont j'ai parlé ci-dessus.

Au troisième rang, à main droite, du côté du chœur, se trouvaient quatre cercueils, savoir : celui de Charles IX, posé sur deux barres de fer qui portaient également un cercueil beaucoup plus grand, qui renfermait le corps de Henri III, et les deux autres plus petits et précités.

Dessous les barres ou tréteaux de fer sur lesquels reposait cette famille, on trouva quantité d'ossements que l'on présume avoir été trouvés en cet endroit, lorsqu'en 1719 on fit les fouilles nécessaires à la construction du nouveau caveau des Valois ; car précédemment à cette époque ils avaient une chapelle sépulcrale et particulière bâtie par Philibert Delorme, et au milieu de laquelle était placé le tombeau de Henri II.

Le même jour 18 octobre, les ouvriers firent l'ouverture du caveau de Louis XII, mort en 1515, âgé de 53 ans ; d'Anne de Bretagne, son épouse, et veuve de Charles XIII, morte en 1514, âgée de 37 ans. On a trouvé sur leurs cercueils de plomb deux couronnes de cuivre doré.

Dans le chœur, sous la croisée septentrionale, on ouvrit de suite le tombeau de Jeanne de France, reine de Navarre, fille de Louis X, dit *le Hutin,* morte en 1349, âgée de 38 ans ; elle était enterrée aux pieds de son père, en pleine terre. Une pierre creusée dans la masse, tapissée intérieurement de lames de plomb, et recouverte d'une autre pierre plate, renfermait ses ossements : l'usage des cercueils de plomb n'était pas encore introduit à cette époque. On n'a rien trouvé dans ce cercueil qu'une couronne de cuivre doré.

Louis X, dit *le Hutin,* n'avait pas non plus de caveau ni de cercueil de plomb : une pierre creusée en forme d'auge, aussi tapissée en dedans de lames de plomb, renfermait ses ossements desséchés, avec un reste de sceptre et de couronne de cuivre rongé par la rouille. Il était mort en 1316, âgé de près de 27 ans.

Le petit roi Jean, son fils *posthume,* qui n'a vécu que cinq jours, était à côté de son père dans une petite tombe de pierre revêtue de plomb.

Près du tombeau de Louis X était enterré, dans un simple cercueil de pierre, Hugues, dit *le Grand,* comte de Paris, mort en 956, père de Hugues Capet, chef de la race capétienne. On n'a trouvé que des os presque réduits en poussière.

On découvrit ensuite, au milieu du chœur, la fosse de Charles le Chauve, mort en 877, âgé de 54 ans. Une auge en pierre, enfoncée bien avant dans la terre, renfermait un petit coffre de plomb où étaient les restes de ses cendres.

Samedi 19 *octobre* 1793.

La sépulture de Philippe, comte de Boulogne, fils de Philippe-Auguste, mort en 1233, n'a rien présenté de remarquable, sinon la place de la tête du prince, creusée dans le cercueil de pierre qui renfermait ses ossements. Même observation pour celui du roi Dagobert.

La tombe de pierre, toujours en forme d'auge, d'Alphonse, comte de Poitiers, frère de saint Louis, mort en 1272, ne contenait plus que des cendres ; cependant, ses cheveux étaient bien conservés. Le dessus de la pierre qui couvrait le cercueil était taché, coloré, et veiné de jaune et de blanc, comme s'il eût été de marbre. On suppose que ce sont les émanations putrides de la décomposition du cadavre qui ont nuancé cette tombe.

Le corps de Philippe-Auguste, mort en 1223, était entièrement consumé ; la pierre taillée en dos d'âne qui couvrait le cercueil de pierre était arrondie du côté de la tête.

Le corps de Louis VIII, père de saint Louis, mort le 8 novembre 1226, âgé de 40 ans, s'est trouvé aussi presque consumé ; sur la pierre qui couvrait son cercueil, était sculptée une croix en demi-relief. On n'a trouvé qu'un reste de sceptre de bois pourri, et son diadème, qui n'était qu'une bande d'étoffe tissue en or, avec une grande calotte d'une étoffe satinée assez bien conservée ; le corps avait été enveloppé dans un drap ou suaire tissu en or ; il s'en trouva encore des morceaux intacts. Son corps, ainsi enseveli, avait été recouvert et cousu dans un cuir fort épais, qui avait toute son élasticité. Ce fut le seul corps, parmi ceux exhumés à Saint-Denis, qui fut trouvé enveloppé de cuir.

L'usage d'envelopper les morts dans du cuir est fort ancien. En Colchide, on enterrait seulement les femmes ; on enveloppait les hommes dans une peau de bœuf, et on les appendait à des arbres par de grosses chaînes.

Le plomb laminé n'était pas connu à cette époque, et il est probable qu'on a ainsi enveloppé le corps de Louis VIII pour le préserver de la putréfaction dans le transport qu'on en fit de Montpensier en Auvergne, où il mourut à son retour de la guerre contre les Albigeois.

On fouilla vainement au milieu du chœur, sous une tombe de cuivre tenant au premier degré du sanctuaire, pour trouver le corps de Marguerite de Provence, femme de saint Louis, morte en 1295. Cependant on découvrit, à gauche de la place qui était recouverte par la tombe de cuivre qui jadis couvrait cette princesse, une auge de pierre remplie de terre et de gravois, parmi lesquels se trouvèrent une rotule et deux petits os, qui probablement venaient de son squelette, qui fut déplacé à la suite des travaux faits antérieurement à ceux dont je parle.

Le caveau de Marie de France, fille de Charles IV, dit *le Bel*, morte en 1361, et de Blanche, sa sœur, duchesse d'Orléans, morte en 1392, placé dans la chapelle de Notre-Dame-la-Blanche, était rempli de décombres, sans corps et sans cercueils.

En continuant les fouilles dans le chœur, on a trouvé, à côté du tombeau de Louis VIII, celui dans lequel on avait déposé les ossements de saint Louis, mort en 1270 ; il était plus court et moins large que les autres. Ses os en furent retirés lors de sa canonisation, qui eut lieu en 1297.

Après avoir décarrelé le haut du chœur pour faire la recherche des autres cercueils cachés en terre, on trouva celui de Philippe le Bel, mort en 1314, âgé de 46 ans : il était de pierre, recouvert d'une large et forte dalle. Il n'y avait point d'autre cercueil que la pierre creusée en forme d'auge, et les parois de cette auge, plus large à la tête qu'aux extrémités, étaient tapissées de plomb dans leur intérieur, et une forte et large lame de plomb scellée sur des barres de fer fermait la totalité du tombeau. Le squelette était tout entier ; on trouva un anneau d'or, un reste de diadème d'étoffe tissue en or, et un sceptre de cuivre doré, de cinq pieds de long et terminé par une touffe de feuillage sur laquelle était un oiseau, aussi de cuivre, colorié de ses couleurs naturelles, et qui paraissait être un chardonneret, si l'on en juge par sa forme et les couleurs dont on l'avait chargé.

Le soir, à la lueur des flambeaux, les ouvriers tirent l'ouverture du tombeau en pierre du roi Dagobert, mort en 638, après avoir cassé la statue qui fermait l'entrée du sarcophage, fait en lumachelle de Bourgogne, que l'on avait creusé pour recevoir la tête, qui était séparée du corps. On a trouvé un coffre de bois d'environ deux pieds de long, garni de plomb dans son intérieur, qui renfermait les ossements de ce prince et ceux de *Nantilde,* sa femme, morte en 641. Ces ossements étaient enveloppés dans une étoffe de soie, et les corps séparés par une planche intermédiaire qui partageait le coffre en deux parties[8]. Sur un côté de ce coffre était une plaque de plomb, avec cette inscription :

Hic jacet corpus Dagoberti.

Sur l'autre côté, une autre lame de plomb chargée de celle-ci :

Hic jacet corpus Nantildis.

On n'a point trouvé la tête de Nantilde ; il est probable qu'elle était restée dans l'endroit de leur première sépulture, lorsque la reine Blanche, mère de Louis IX, les en fit retirer pour les placer dans le tombeau qu'elle leur fit élever près le maître autel.

Dimanche 20 *octobre* 1793.

Après avoir détaché le plomb qui tapissait le dedans du tombeau en pierre de Philippe le Bel, les ouvriers reprirent leurs travaux auprès de la sépulture de Louis IX : on n'y trouva qu'une auge de pierre sans couvercle, remplie de décombres, que l'on suppose avoir renfermé le corps de Jean Tristan, comte de Nevers, fils de Louis IX, mort en 1270, quelques jours avant son père, près Carthage en Afrique, et qui avait été inhumé dans cet endroit.

Dans la chapelle dite *des Charles,* ils retirèrent le cercueil de plomb de Bertrand Du Guesclin, mort en 1380. Son squelette s'est trouvé intact, la tête bien conservée, les os tout à fait desséchés et très-blancs.

Auprès de lui était celui de Bureau de la Rivière, mort en 1400.

Après de longues recherches, on découvrit enfin l'entrée du caveau de François Ier, mort en 1547, âgé de 52 ans. Ce caveau, fort grand et très bien voûté, contenait six corps enfermés dans des cercueils de plomb posés sur des barres de fer, savoir :

Celui de François Ier ;

Louise de Savoie, sa mère, morte en 1531 ;

Claude de France, sa femme, morte en 1524, âgée de 25 ans ;

François, leur fils, dauphin, mort en 1533, âgé de 19 ans ;

Charles, son frère, duc d'Orléans, mort en 1545, âgé de 23 ans ;

Charlotte, leur sœur, morte en 1524, âgée 8 ans.

Nota. Tous ces corps étaient en pourriture et en putréfaction liquide, dont il se dégageait une odeur insupportable ; une eau noire coulait à travers les cercueils de plomb dans le transport que l'on en fit dans le cimetière. Le corps de François Ier avait une taille extraordinaire et une structure très-forte ; l'un des fémurs de ce prince, que j'ai mesuré, portait 20 pouces des condyles à la tête de l'os.

On reprit ensuite les fouilles vers la croisée méridionale du chœur : on y découvrit une auge ou tombe de pierre, et l'on apprit, par l'inscription dont elle était revêtue, que c'était le tombeau de Pierre de Beaucaire, chambellan de Louis IX, mort en 1270.

Sur le soir, attenant à la grille du chœur du côté du midi, on ouvrit le tombeau de Mathieu de Vendôme, abbé de Saint-Denis et régent du royaume sous Louis IX et sous son fils Philippe le Hardi. Il n'avait point de cercueil de pierre ni de plomb ; il avait seulement été mis en terre dans un cercueil de bois dont quelques débris avaient encore de la solidité. Le corps était entièrement consumé, et l'on ne trouva que le haut de sa crosse en cuivre doré, et des lambeaux d'une étoffe très-riche ; il avait été enterré, suivant l'usage des premiers siècles, vêtu de ses ornements d'abbé. Mathieu de Vendôme mourut en 1286, le 25 septembre, au commencement du règne de Philippe le Bel.

Lundi 21 *octobre* 1793.

Au milieu de la croisée du chœur, les ouvriers levèrent le marbre qui couvrait le petit caveau où l'on avait déposé, au mois d'août 1791, les os et les cendres de six princes et d'une princesse de la famille de saint Louis, transférés en cette église de l'abbaye de Royaumont. Les cendres et les ossements, retirés de leurs coffres de plomb, furent portés au cimetière, dans la seconde fosse commune où Philippe-Auguste, Louis VIII, François Ier et toute sa famille avaient déjà été portés.

On commença l'après-midi à fouiller dans le sanctuaire, à côté du grand autel à gauche, pour exhumer les cercueils de Philippe le Long, mort en 1321 ;

Charles IV, dit *le Bel,* mort en 1328 ;

Jeanne d'Évreux, troisième femme de Philippe de Valois, morte en 1392 ;

Le roi Jean, mort en 1364.

Mardi 22 *octobre* 1793.

Dans la chapelle dite *des Charles,* le long du mur de l'escalier qui monte au chevet, on trouva deux tombeaux placés l'un sur l'autre : celui de dessus, de pierre carrée, renfermait le corps d'Arnaud Guillem de Barbazan, mort en 1431, premier chambellan de Charles VII ;

Celui de dessous, couvert d'une lame de plomb, contenait le corps de Louis de Sancerre, connétable sous Charles VI, mort en 1402, âge de 60 ans ; sa tête était encore garnie de cheveux longs et partagés en deux grandes tresses longues d'environ 40 centimètres.

On leva ensuite la pierre perpendiculaire qui couvrait les tombeaux en pierre de l'abbé Adam, mort en 1121 ;

L'abbé Suger, mort en 1152 ;

L'abbé Pierre d'Auteuil, mort en 1229.

On ne trouva dans ces tombeaux que des ossements réduits en poussière.

Les fouilles se firent ensuite dans la chapelle dite *du Lépreux*. Les ouvriers levèrent la tombe qui couvrait Sédille de Sainte-Croix, morte en 1380, femme de Jean Pastourel, conseiller du roi Charles V, on n'y trouva que des os consumés.

Mercredi 23 octobre 1793.

On reprit le matin les travaux qu'on avait commencés la veille pour la découverte des tombeaux du sanctuaire.

On trouva d'abord celui de Philippe de Valois, de pierre dure, tapissé de plomb dans son intérieur, et fermé par une forte lame de même métal, soudée sur des barres de fer, le tout recouvert d'une grande et large pierre plate. Ce tombeau contenait une couronne et un sceptre surmonté d'un oiseau de cuivre doré.

Plus près de l'autel, on ouvrit celui de Jeanne de Bourgogne, première femme de Philippe de Valois, dans lequel on trouva l'anneau d'argent que portait cette princesse, sa quenouille et son fuseau ; ses ossements étaient desséchés.

Jeudi 24 octobre 1793.

A gauche de Philippe de Valois s'est trouvé le cercueil de Charles le Bel. Son tombeau était construit comme celui de Philippe de Valois ; il renfermait une couronne d'argent doré, un sceptre de cuivre doré, haut de sept pieds ; un anneau d'argent, un reste de main de justice, un bâton de bois d'ébène, un oreiller de plomb sur lequel reposait la tête du roi ; son corps était desséché.

Vendredi 25 octobre.

On voulut faire l'ouverture du tombeau de Jeanne d'Évreux, aussi de pierre ; mais on remarqua que la tombe était brisée en trois morceaux, et que la lame de plomb qui fermait le cercueil était détachée. On ne trouva que des os desséchés et sans tête. On ne fit pas d'information ; il y avait néanmoins apparence qu'on était venu dans la nuit précédente dépouiller le tombeau.

Vers le même lieu, on découvrit dans le tombeau en pierre de Philippe le Long son squelette, qui était dans son entier et vêtu de ses habits royaux ; sa tête était coiffée d'une couronne d'argent doré, enrichie de pierres ; son manteau était orné d'une agrafe d'or en forme de losange, et d'une autre plus petite d'argent ; une partie de sa ceinture satinée, garnie d'une boucle d'argent doré, et un sceptre de cuivre doré, furent également retirés du sarcophage.

Au pied de son cercueil était un petit caveau qui contenait le cœur de Jeanne de Bourgogne, femme de Philippe de Valois, enfermé dans une cassette de bois presque pourri ; l'inscription dont elle était recouverte était gravée sur cuivre.

On ouvrit de suite le tombeau du roi Jean, mort en Angleterre en 1364, âgé de 56 ans, dans lequel il s'est trouvé une couronne, un sceptre fort élevé dans son origine, mais brisé ; une main de justice en argent doré, et son squelette intact.

Quelques jours après, les ouvriers et les commissaires se transportèrent aux Carmélites pour y faire l'extraction du cercueil de madame Louise de France, fille de Louis XV, morte le 23 décembre 1787. Ils l'apportèrent dans le cimetière, et déposèrent son corps, qui était tout entier, mais en pleine putréfaction, dans la fosse commune à gauche ; ses habits de Carmelite étaient encore conservés.

Dans la nuit du 11 au 12 novembre 1793, par ordre du département, en présence des commissaires du district et de la municipalité de Saint-Denis, on fit l'enlèvement du trésor. Tout y était intact : châsses, reliques, etc. Tout fut mis dans de grandes caisses de bois, ainsi que tous les riches ornements de l'église, calices, ciboires, chapes, chasubles, etc.

Le 12 au matin, 10 heures, ces objets précieux partirent, en grand appareil, dans des chariots parés exprès, pour la *Convention nationale*.

18 *janvier* 1794.

Le tombeau de François Ier étant démoli, il fut aisé d'ouvrir celui de Marguerite, comtesse de Flandres, morte en 13 âgée de 66 ans, qui avait été déposée dans un caveau assez bien construit. On ouvrit son cercueil de plomb, qui était supporté par des barres de fer : on n'y trouva que des ossements bien conservés et quelques restes de planches en bois de châtaignier, ce qui m'autorise à croire que cette femme avait été inhumée d'abord dans un cercueil de bois ; car, comme je l'ai dit plus haut, de son temps l'usage du plomb n'était pas encore établi, et le placement du tombeau de François Ier ayant causé le déplacement du sien, on aura placé dans un cercueil de plomb celui en bois qui contenait son corps.

1 Dom Germain Poirier, né en 1724, mort en 1803, Il a été admis à l'Académie des inscriptions et belles-lettres. On lui doit le XIe volume du *Recueil des Historiens de France,* publié par la savante congrégation de Saint-Maur.

2 Cette rapide nomenclature ne fait pas double emploi avec l'état que j'ai donné des tombeaux avant la Révolution, et elle contient, d'ailleurs, d'intéressants détails qu'il eût été regrettable de supprimer.

3 *Extrait du procès-verbal de la translation du corps de Turenne au Musée des monuments français.*

En juin 1794, le corps de Turenne, que le gardien de Saint-Denis montrait depuis six mois aux curieux pour une rétribution quelconque, fut réclamé par Desfontaines, professeur au Jardin des plantes, pour être joint aux collections de l'établissement. Le héros y resta jusqu'en 1798, confondu avec les bêtes empaillées et les curiosités de toutes sortes. Ce fut seulement le 24 germinal an VII que le Directoire exécutif ordonna la fin de ce scandale et arrêta que les restes de Turenne seraient transportés dans le Musée des monuments français.

« Nous étant fait donner connaissance du lieu où étaient déposés es restes de Turenne, dit le procès-verbal de translation, nous fûmes introduits dans un local servant de laboratoire, au milieu duquel était posée, sur une estrade de bois peint en granit, une caisse en forme de cercueil, aussi de bois peint, vitrée par-dessus, de la longueur de 1 mètre 97 millimètres dans laquelle on nous a déclaré que le corps de Turenne était enfermé. Nous remarquâmes, en effet, au travers du vitrage qui couvrait ce cercueil, un corps étendu, enveloppé d'un linceul, lequel avait été déchiré et découvrait la tête jusqu'à l'estomac ; ce qui nous ayant portés à le considérer plus attentivement, il nous parut que ce corps avait été embaumé avec soin dans toutes ses parties, ce qui en avait conservé toutes les formes. Le crâne avait été coupé, et remplacé ou recouvert d'une calotte de bois de la même forme, mais excédant dans sa circonférence. Toutes les formes du visage ne nous parurent pas tellement altérées que nous ne pûmes reconnaître les traits que le marbre nous a laissés de ce grand homme ; il restait encore des effets du funeste coup qui l'enleva au milieu de ses triomphes, et qui lui causa sans doute une violente convulsion dans la figure, ainsi qu'il nous a paru par l'état de la bouche extrêmement ouverte. Et continuant à considérer ces respectables restes, nous aperçûmes que les bras étaient étendus de chaque côté du corps, et que les mains étaient croisées sur la région du ventre ; le reste était enveloppé du linceul et offrait les formes ordinaires. Sur le côté du cercueil était attachée une inscription gravée sur une plaque de cuivre, qui paraît être celle qui avait été placée sur l'ancien cercueil où ce corps avait été renfermé, sur laquelle nous lûmes ce qui suit :

« Ici est le corps de sérénissime Prince Henry de la Tour-d'Auvergne, vicomte de Turenne, maréchal général de la cavalerie légère de France, gouverneur du haut et bas Limousin, lequel fut tué d'un coup de canon, le XXVII juillet, l'an M. DC. LXXV. »

Cette épitaphe diffère quelque peu de celle que j'ai donnée plus haut d'après Félibien.

Le Ier vendémiaire an IX, conformément à l'arrêté des consuls, le corps de Turenne fut déposé solennellement aux Invalides, dans le tombeau ci-dessus décrit, et qui, épargné en 1793, avait été transporté d'abord au Musée des monuments français, puis réédifié aux Invalides.

4 Il fut alors facile, dit Gilbert dans sa *Description de Saint-Denis*, de saisir cette circonstance pour mouler sur nature le plâtre d'après lequel les artistes multiplient aujourd'hui le portrait de ce bon roi.

5 Voyez aux appendices la note relative à cet incident.

6 C'était ce jour-là même, et presqu'à la même heure, que l'infortunée reine Marie-Antoinette montait sur l'échafaud.

7 Voyez dans mon volume *Morts royales* le récit des curieuses intrigues de cour qui ont accompagné la mort de Louis XV, et les détails horribles de cette même mort. Voyez aussi *Cotillon III*, cinquième partie (Ach. Faure, éditeur,

8 On avait espéré que, selon l'antique usage, le cercueil contiendrait un trésor.

TROISIÈME PARTIE

SAINT-DENIS DEPUIS 1793 JUSQU'A NOS JOURS

AU milieu de ce bouleversement et de cette rage générale de destruction et de vandalisme qui s'empara de toute la France, pour effacer, briser et anéantir le passé, il se trouva heureusement quelques hommes plus modérés et plus sages. La main des démolisseurs s'était abattue partout ; elle renversait sans pitié les plus beaux mausolées, inestimables objets d'art ; elle brisait les statues, elle spoliait les tombes ; le bronze était fondu, le marbre du tombeau était abandonné et transformé en mille objets vulgaires ; les colonnes des monuments funèbres devenaient des ornements de jardin, et, amer contraste ! les vases qui avaient contenu les cœurs des rois, placés sur des piédestaux devant les palais, étaient remplis de fleurs !

Quelques hommes, disais-je, plus modérés et plus sages, cherchèrent, non pas à s'opposer au mouvement terrible qui s'opérait et qu'aucun pouvoir n'aurait su ni maîtriser ni contenir, mais au moins à sauver des mains des démolisseurs tout ce qui pouvait être conservé dans l'intérêt de l'art, au nom duquel ils firent un appel, heureusement entendu, aux membres du gouvernement. A la tête de ces généreux citoyens était M. Alexandre Lenoir, artiste distingué, élève du peintre Doyen, mais que ses travaux sur les arts et surtout que le service considérable qu'il leur rendit alors ont beaucoup plus illustré que les œuvres de peinture qu'il a lui-même produites.

En 1791, la suppression des couvents et la fermeture de beaucoup d'églises inspirèrent à Alexandre Lenoir des craintes très-sérieuses pour les monuments funèbres que ces couvents et ces églises pouvaient renfermer. Il demanda et obtint de l'Assemblée constituante l'autorisation de rechercher les monuments dont la conservation devait être utile pour l'instruction et l'intérêt publics, et il fut en outre avisé qu'il pouvait les réunir dans un lieu choisi, où un musée composé desdits objets serait constitué par ses soins [1]. Lenoir composa aussitôt une commission qui fut nommée *Commission des monuments,* et qui choisit trois couvents, alors désertés, pour y rassembler les monuments curieux qu'elle parviendrait à découvrir dans les lieux abandonnés par leurs anciens possesseurs [2].

Il n'était pas alors question de détruire les tombeaux des églises, ni de fondre les sépulcres de cuivre et de bronze, ni de fouiller les cercueils pour y prendre les richesses qu'ils pouvaient contenir. Il s'agissait seulement d'empêcher que les monuments des anciens couvents et des anciennes églises ne fussent endommagés ou détruits lors des destinations nouvelles qui allaient leur être données.

La commission, présidée par M. Lenoir, se mit aussitôt à l'ouvrage. Sa mission était alors facile, l'effervescence publique n'était pas encore parvenue à son comble, et le transport des premiers monuments dans le musée nouveau se fit d'abord sans trop de peine ni de difficultés.

L'année suivante, 1792, la destruction de tous les monuments qui se trouvaient dans les églises sur le sol de la république, et qui rappelaient la tyrannie des petits et des grands, fut ordonnée et exécutée avec une rage furieuse qui causa la perte de chefs-d'œuvre sans nombre. C'est alors que le travail de la commission des monuments français devint difficile et même périlleuse. Elle envoya partout des agents chargés de sauver tout ce qu'ils pourraient arracher à la fureur des iconoclastes, et elle se transporta elle-même tout entière dans la personne de ses membres, à Paris et dans le voisinage de Paris, aux endroits les plus importants pour les objets d'art signalés, et par conséquent les plus menacés.

Alexandre Lenoir voulut présider lui-même aux travaux de démolition des tombeaux de Saint-Denis. Il ne put empêcher qu'on n'envoyât à la fonte, selon les termes du décret, les tombeaux de plomb, de cuivre et de bronze ; mais l'église de Saint-Denis doit à ses soins d'être aujourd'hui une fois encore en possession de la plupart de ses autres tombeaux. Il en surveilla la destruction, l'enlèvement et le transport avec un soin vigilant et tout particulier. On les avait d'abord placés dans le cimetière des Valois, auprès des fosses remplies de chaux où les restes des rois avaient été jetés ; et ces tombeaux magnifiques, exposés aux injures du temps, avaient déjà subi ses atteintes quand M. Lenoir les fit enlever.

« De l'abbaye de Saint-Denis, dit-il, que le feu semble avoir incendiée du sommet des voûtes jusqu'au fond des tombeaux, j'ai retiré les magnifiques mausolées de Louis XII, de François Ier, de Henri II, de Turenne.... 0 douleur ! ces chefs-d'œuvre d'art avaient déjà éprouvé la fureur des barbares. Une grande partie de ces monuments, qui attestaient la gloire de la nation, mutilés, et leurs ruines éparses dans un cimetière, étaient cachés sous l'herbe et recouverts de mousse. Ainsi, par un système désorganisateur, l'on voyait le chardon prendre la place du laurier, et couronner Charlemagne et Du Guesclin ! »

Et que de soins, que de peines, que de démarches, que de courage et surtout que de persévérance il lui fallut dépenser pour mener à bonne fin sa généreuse entreprise ! Les moyens de transport n'abondaient pas alors comme aujourd'hui, et des monuments tels que ceux de Louis XII ou de François Ier devaient, à cette époque sembler non transportables. Aux moyens ordinaires M. Lenoir ajouta les expédients inusités. Comme la Convention ne pouvait mettre à sa disposition aucun subside ni secours d'aucune sorte, et que l'organisation du musée des monuments français était restée tout à fait à la charge de la commission qu'il présidait, il obtint du ministre de la guerre l'autorisation de se servir gratuitement des convois militaires qui, revenant de l'armée, rentraient à vide dans la capitale.

Quand la commission eut réuni à Paris, aux endroits désignés, tous les monuments échappés à la dévastation, elle décida, avec l'autorisation du gouvernement, « qu'un musée spécial des monuments, livres et tableaux absolument relatifs à l'art français, serait établi à Paris, et qu'on en éloignerait avec soin tous les objets d'art réunis alors aux tombeaux, aux statues et aux tableaux déjà rassemblés, et qui n'intéresseraient point directement la nation. »

Le Comité d'instruction publique approuva le rapport présenté par la commission en rendant un arrêté conforme :

Extrait du registre des délibérations du Comité d'instruction publique, ce 29 vendémiaire an IV de la République française une et indivisible.

Après avoir entendu la lecture d'un mémoire du citoyen Lenoir, conservateur du dépôt national des monuments des arts, rue des Petits-Augustins, dans lequel il présente le projet d'un *Muséum particulier de monuments français*, le Comité arrête ce qui suit :

1° Qu'il sera fait mention dans son procès-verbal du zèle avec lequel le citoyen Lenoir a administré le dépôt qui lui a été confié ;
2° Qu'il sera formé à Paris un *Muséum de monuments français* ;
3° Que le projet du citoyen Lenoir sera renvoyé à la seconde section pour l'examiner et en faire un rapport ;
4° Que, jusqu'au rapport, il ne sera distrait aucun monument du dépôt national de la rue des Petits-Augustins.

Signé : LANTHENAS, président ; BORDET, DELAIRE, PLAICHARD, LAKANAL, LALANDE, etc.

Quelque temps après que cette décision eut été prise, le ministre de l'intérieur en approuva définitivement les conclusions par la lettre suivante :

Le Ministre de l'Intérieur au citoyen Lenoir, conservateur du Musée des monuments français.

19 germinal an IV de la République française, une et indivisible.

J'ai pris connaissance, citoyen, des projets que vous avez présentés relativement à l'érection du dépôt des Petits-Augustins en musée des *Anti-*

quités et monuments français, et de l'arrêté du Comité d'instruction publique du 29 vendémiaire dernier, qui ordonne la formation de ce musée spécial.

Je vous engage à tirer le meilleur parti du local qu'occupe le dépôt des Petits-Augustins, en y déposant les objets dans l'ordre convenable, et en suivant surtout l'ordre chronologique que vous annoncez dans votre plan.

Le zèle que vous avez montré jusqu'ici m'assure que vous continuerez à mériter la confiance et l'estime que vous vous êtes acquises.

Salut et fraternité.

Signé : BENEZECH.

Dans ce musée unique, le plus curieux, le plus complet et le plus authentique qu'on eût jamais établi et composé, on pouvait suivre et étudier l'histoire de l'art français et ses progrès dans tous les siècles, les monuments de tous les âges étant groupés dans leur ordre de date et d'exécution. La commission avait réalisé son projet au delà de toute espérance, et le catalogue descriptif qu'elle fit dresser à cette époque constate mieux encore ses soins et ses études ; il est devenu pour nous, grâce aux notes nombreuses, aux détails historiques et circonstanciés et aux commentaires artistiques dont son savant auteur l'a surchargé et enrichi, un livre des plus précieux pour l'histoire de l'art en France à toutes les époques [3].

Pendant plus de vingt ans, Paris, la France, les étrangers nombreux qui nous visitaient, passèrent successivement dans ce musée devant ces statues, ces tombeaux et ces tableaux qui rappelaient aussi bien la gloire du passé que les erreurs du gouvernement furieux qui en avait ordonné la destruction. On aurait pu croire l'établissement du musée définitif ; trois gouvernements successifs en avaient, en quelque sorte, consacré la durée en favorisant ses progrès, car il s'enrichissait tous les jours, grâce à des découvertes nouvelles et à des dons particuliers. En effet, pendant les vingt ans de son existence, ceux qui avaient en leur possession quelque objet provenant des couvents ou des églises dévastés les avaient peu à peu donnés ou vendus au musée, qui les faisait rechercher, et dont la valeur artistique et historique augmentait ainsi tous les jours.

Le deuxième retour des Bourbons et la restauration du droit divin devaient nécessairement amener la fermeture du musée des Augustins et la reddition des tombeaux illustres aux églises qui les avaient possédés.

Louis XVIII était en effet trop resté l'homme du siècle qui l'avait vu naître pour souffrir que les tombeaux de ses pères fussent ailleurs qu'à Saint-Denis, où il voulait être lui-même inhumé. Le 16 décembre 1816, une ordonnance royale prescrivit la clôture du musée et la restitution des monuments qu'il contenait aux églises et aux familles auxquelles ils avaient appartenu. La même ordonnance décidait qu'une École des beaux-arts serait établie dans les bâtiments occupés par le musée.

L'exécution de cette ordonnance devait, en ce qui concerne la restitution des monuments, présenter de très-grandes difficultés. Plusieurs églises avaient été détruites, des familles dispersées à l'étranger y avaient gardé leur résidence ; d'autres, comme la famille des Montmorency, ne se soucièrent pas de prendre possession des tombeaux de leurs ancêtres, ne sachant plus où les placer. Le temps des chapelles de famille et des châteaux était en effet bien passé ! On avait détruit et brûlé pendant près de dix ans tant de choses qui rappelaient Dieu, qu'on voulait proscrire, et la noblesse, qu'on voulait anéantir, qu'il ne restait plus grande trace dans nos campagnes de ce qu'on nommait alors les châteaux de la féodalité, lesquels avaient des fossés pour y noyer les vilains, et de vastes chapelles où l'on priait Dieu de temps à autre et où l'on enterrait ses ancêtres. Ces nécropoles privées avaient en partie disparu. L'État prit alors le parti d'abandonner à la nouvelle École des beaux-arts et aux divers musées tous les monuments qui ne pouvaient trouver place à Saint-Denis et qui n'avaient pas été réclamés. On renvoya dans la royale église non-seulement tous les tombeaux que la Révolution en avait chassés, mais encore beaucoup d'autres qui n'y étaient jamais entrés. 167 monuments furent ainsi réunis dans la basilique, dans l'église haute et 129 dans la crypte [4].

Voici, d'après M. le baron de Guilhermy, l'indication de leur origine :

Monuments	ayant appartenu à Saint-Denis.		52
—	provenant de Sainte-Geneviève (Paris)		1
—	provenant de Notre-Dame de Corbeil		2
—	provenant de Saint-Germain-des-Prés (Paris).		6
—	provenant de Sainte-Catherine du Val		2
—	provenant	des Cordeliers	3
—	—	des Jacobins	7
—	—	des Célestins	12
—	—	des Minimes.....	2
—	—	des Grands-Jésuites.	1
—	—	de l'abbaye de Royaumont	6
Monuments	provenant	de l'abbaye de Maubuisson	2
—	—	de l'abbaye de Poissy	1

—	—	de l'abbaye de Notre-Dame de Soissons	1
—	—	de l'abbaye de Haute-Bruyère	1
—	—	de la Collégiale de Saint-Cloud	2
—	d'origine encore inconnue		13
—	neufs ou composés avec des fragments		53
			167

Le travail de restauration, commencé vers 1817, fut malheureusement aussi mal compris que possible. Le simple bon sens, la logique la plus ordinaire, le tact même le plus vulgaire, devaient conseiller aux architectes qui dirigèrent ce grand travail de rétablir les tombeaux dans les emplacements mêmes qu'ils avaient occupés avant leur violente expulsion. La chose était d'autant plus facile que les documents abondaient, puisque Félibien, dom Doublet et bien d'autres encore, ont décrit dans les plus grands détails l'ordre des tombeaux, en indiquant minutieusement la place de chacun d'eux.

Mais le roi, en prévision de cérémonies religieuses et funèbres qui exigeraient un grand déploiement de solennité, et qui devaient naturellement attirer une foule officielle des plus nombreuses à Saint-Denis, voulut que l'église ne fût pas encombrée, afin que rien ne gênât la marche ni l'ordre des cortéges de l'avenir.

Donc, au lieu de rendre à la basilique sa physionomie première, son aspect véritable et historique, on se borna à rétablir dans l'église haute quelques-uns des tombeaux rapportés, — 38 sur 167, — et on descendit tous les autres dans la crypte obscure et humide, où ils furent placés tant bien que mal, à la suite les uns des autres, dans l'ordre chronologique ; constituant ainsi une histoire de France en pierre qui a bien amusé le dernier règne ! Je dis amusé ! Oui, amusé. La foule allait regarder tous ces rois, toutes ces reines ; mais cette visite ne lui inspirait pas grand respect : toutes ces tombes étaient vides, et leur défilé par ordre absolu disait bien mieux encore que l'histoire ne les avait pas ainsi placés, et qu'on avait offensé la bonne vieille pour faire plaisir à quelques amis enragés de l'ordre naturel, hiérarchique et chronologique !

Mais ceux qui se sont amusés beaucoup plus encore, et cette fois plus sérieusement, de cette bizarre restauration, ce sont les savants, les amis de l'art, qu'elle avait d'abord sincèrement affligés, et qui finirent par en rire, quand ils eurent examiné et constaté en détail la maladresse et l'absurdité qui avaient présidé à sa direction [5].

« Les savants, les architectes ou autres, dit très-spirituellement le baron de Guilhermy, qui furent chargés du classement des tombeaux et des statues rapportés à Saint-Denis, semblent avoir été préoccupés d'une fantaisie matrimoniale des plus étranges. Après avoir fait le compte de leurs personnages, ils arrêtèrent que chaque roi de marbre aurait droit à une épouse de même matière qui partagerait avec lui les ennuis de la tombe. La position personnelle de chacune des princesses représentées par les statues qu'il s'agissait de replacer, leurs engagements antérieurs, leurs affections légitimes ne mirent point obstacle à la classification projetée. Les princes de second ordre furent condamnés à céder aux rois leurs épouses, bon gré, mal gré, sauf réclamation dans le cas où, tout partage terminé, il s'en trouverait quelqu'une en surnombre. De cette arbitraire mesure il résulta de singuliers incestes de pierre et des adultères de marbre de la pire espèce. C'était un scandale à faire rougir les piliers vénérables de la crypte. On n'imaginerait pas ce qui se commit d'immoralités archéologiques sous les voûtes obscures de Saint-Denis ! »

On plaça donc les monuments, les statues, les médaillons à la suite les uns des autres, rangés et étiquetés en dépit de la logique, de l'histoire et des traditions, trois choses qu'il eût pourtant été bien facile de mettre d'accord en cette occasion ! Replacer les tombeaux où ils étaient, cela tombait tellement sous le sens, que lorsque la proposition en fut faite lors de la dernière et je pense définitive restauration, il n'y eut qu'un cri pour honnir et conspuer les précédents restaurateurs de ces antiques cénotaphes qu'on a ainsi promenés trois ou quatre fois depuis quatre-vingts ans, de l'église dans le cimetière des Valois, du cimetière au musée des Augustins, du musée dans la crypte, et enfin de la crypte dans l'église haute, où on les a enfin tous remontés.

Mais il est temps de faire connaître au lecteur l'état en quelque sorte catalogué du Saint-Denis des derniers règnes. M. de Guilhermy et son précieux livre nous serviront de guide dans la crypte aujourd'hui dévastée, où nous constaterons, en passant rapidement devant chaque tombeau, son origine, et, s'il y a lieu, ses transformations [6].

Monuments de l'église haute.

MONUMENT DE DAGOBERT. — Comme on avait haussé le sol de l'église, le monument ne pouvait être réédifié, à cause de son élévation, à la place d'honneur qu'il réoccupe aujourd'hui. L'architecte chargé de sa restauration à Saint-Denis fit scier le tombeau dans son épaisseur, de façon à obtenir deux chapelles ogivales qui furent placées à la droite et à la gauche du porche intérieur. L'une fut nommée *tombeau de Dagobert* ; l'autre, *tombeau de Nantilde*.

La restauration actuelle a réparé cet absurde arrangement ; elle a réuni les deux parties du tombeau, qui a repris sa place primitive à la droite du maître autel.

TOMBEAU DE Louis XII. — On l'avait rétabli, en partie, dans la chapelle de Saint-Hippolyte, mais en supprimant les degrés de marbre sur lesquels ce magnifique monument était placé. ce qui nuisait singulièrement à l'effet qu'il devait produire ; en outre, on avait détaché du tombeau les quatre statues représentant les Vertus cardinales, assises aux angles du soubassement, pour les élever sur d'immenses piédestaux, dans la croisée de l'église. Ces statues, ainsi isolées, n'avaient aucune signification, et leur absence enlevait au monument sa superbe ampleur et ses nobles proportions.

Le tombeau est aujourd'hui rétabli dans son intégrité à la gauche du chœur, près de la porte du cimetière des Valois.

HENRI II ET CATHERINE DE MÉDICIS. — Ce chef-d'œuvre de Germain Pilon, rétabli en 1816 dans la chapelle de Saint-Hippolyte, fait aujourd'hui vis-à-vis au tombeau de Louis XII.

FRANÇOIS Ier ET CLAUDE DE FRANCE. — Leur monument a été réédifié à Saint-Denis dans la chapelle de Saint-Michel, à droite de la nef ; sa restauration a demandé six années de travail.

COLONNE DE FRANÇOIS II. — Charles IX avait fait ériger une colonne de marbre blanc dans l'église des Célestins à la mémoire de son frère François II, mort en 15 6c, et dont elle portait le cœur dans un vase de bronze qui a été fondu. C'est un joli monument, léger de forme et de travail, et qu'on attribue au Primatice pour le dessin et à Paul Ponce pour l'exécution. Les génies de marbre blanc placés sur les angles de l'entablement, et tenant des torches renversées, ont de la grâce et de l'élégance. Le piédestal a trois côtés, sur lesquels on lit des inscriptions latines destinées à consacrer le souvenir du pauvre petit roi. On trouve le nom de Marie Stuart dans la dernière inscription.

La colonne est aujourd'hui placée à Saint-Denis derrière le monument de Louis XII, à gauche de la porte du cimetière des Valois.

COLONNE DE HENRI III. — Je l'ai décrite plus haut. Cette jolie colonne, œuvre de Barthélemy Prieur, a beaucoup souffert pendant le pillage de l'église de Saint-Cloud. On a dû tailler un nouveau socle, mais on n'a pas jugé à propos de replacer le vase de bronze, fondu pendant la Révolution, que supportait la colonne, et auquel M. Lenoir avait substitué un génie de marbre blanc, chargé, dit M. de Guilhermy, de la tâche assez difficile de brûler avec une torche le poignard de Jacques Clément.

On voit aujourd'hui cette colonne à l'entrée de la nef, à gauche, placée près de l'un des piliers.

LE CARDINAL LOUIS DE BOURBON. La colonne de marbre blanc érigée à sa mémoire est placée devant le tombeau de Louis XII. On n'a pas rétabli la statue de marbre qui la surmontait.

COLONNE DE HENRI IV. On avait élevé dans le transept, en 1816, pour faire pendant à la colonne du cardinal de Bourbon, une colonne en marbre de diverses couleurs à la mémoire du roi de la poule au pot. Une statue qui devait en couronner le chapiteau n'a jamais été exécutée, et la colonne, d'un assez médiocre effet, a elle-même aujourd'hui disparu.

SAINT LOUIS ET MARGUERITE DE PROVENCE. On avait placé dans l'ancienne chapelle de Notre-Dame-la-Blanche, devenue chapelle de Saint-Louis, deux statues représentant, soi-disant, le roi Louis IX et Marguerite de Provence. L'origine de ces statues mérite qu'on la raconte.

Les arrangeurs de 1816 les avaient en effet trouvées, au musée des monuments, attribuées aux deux princes ci-dessus désignés ; le n° 23 du catalogue de M. Lenoir indique aussi cette statue :

Des Quinze-Vingts, rue Honoré : La statue en pierre de liais de Louis IX, mort en 1270, en Afrique, près Tunis.

Ces deux statues provenaient du portail de l'église des Célestins, où elles représentaient, suivant des inscriptions bien authentiques, le roi Charles V et sa femme, Jeanne de Bourbon. Le musée des monuments français, auquel il faut beaucoup pardonner en faveur de ses bonnes intentions, fit de ces deux statues un saint Louis et une Marguerite de Provence. Transportées à Saint-Denis, elles y devinrent, au moins celle de saint Louis, l'objet de la vénération publique. Prières, encens, offrandes et révérences du clergé, et aussi des fidèles, tout lui fut prodigué en l'honneur du saint roi qu'on s'obstinait à lui faire représenter. On en fit des reproductions : l'une, pour l'autel de la chapelle que Louis-Philippe fit élever à Tunis en mémoire de son aïeul ; une autre, pour le musée de Versailles ; d'autres encore pour la Madeleine, le Palais de justice, Sainte-Geneviève, etc. On reproduisit aussi les traits du pieux roi dans les vitraux de plusieurs églises, sans se douter que tous ces honneurs rendus à Louis IX étaient ainsi rendus à l'effigie du roi Charles V, qui fut certainement un sage roi, mais qui n'a point fait de croisades et qu'on n'a pas canonisé.

Ce qu'il y a de plus curieux, c'est qu'à deux pas de ce faux saint Louis on avait rétabli le tombeau avec la statue de Charles V ; et il était si facile de constater la ressemblance absolue des deux personnages, — qui n'en faisaient bien réellement qu'un, — qu'on se demande comment ce subterfuge, ce truc historique, ne fut pas vingt fois découvert et justement signalé 1

ISABELLE DE FRANCE. La statue de cette sœur de saint Louis date de 1820. Elle a été copiée sur la statue de marbre qui portait dans la crypte le nom de Blanche, fille de saint Louis. « On a supposé, » dit M. de Guilhermy, « que la tante ne pouvait manquer d'avoir avec sa nièce quelque ressemblance de famille. »

JEAN ET BLANCHE DE FRANCE. Deux socles carrés de marbre ont attendu jusqu'à nos jours, dans l'église haute, les deux monuments de cuivre de ces enfants de France provenant de l'abbaye de Royaumont. M. Viollet-Leduc les a replacés à gauche du maître autel, en face du tombeau de Dagobert, dans deux petites chapelles de pierre copiées sur celles qu'on voyait à Royaumont. Ces deux tombes de métal sont à peu près uniques aujourd'hui ; celle de Jean est relativement bien conservée. L'émail appliqué sur le cuivre a gardé suffisamment ses couleurs, et l'épitaphe elle-même nous est parvenue à peu près intégralement. La tombe de Blanche a été la plus abîmée ; la tête a disparu, ainsi que la plus grande partie de l'épitaphe ; l'émail est plus sérieusement endommagé. On a eu l'heureuse idée de conserver néanmoins tels quels ces deux précieux vestiges-spécimens de l'art de travailler le cuivre et d'y appliquer l'émail au XIIIe siècle.

MONUMENT DE TURENNE. Saint-Denis n'ayant plus le monument authentique du grand capitaine, on voulut, au moyen d'expédients bons à signaler, lui en établir un nouveau, — à peu de frais, par exemple, — dans la royale basilique. On prit, à cet effet, une épitaphe provenant de l'église des Célestins et placée dans un magnifique cadre de pierre incrusté de marbre et entouré d'attributs divers d'une égale richesse. On enleva l'épitaphe et on mit à sa place la tête de Turenne ajustée sur une plaque de marbre noir. J'ai tort de dire la tête de Turenne ; en effet, on ramassa dans la cour de l'École des Beaux-Arts, au milieu de débris de statues de toutes les époques, une tête de marbre coiffée à la Louis XIV et provenant, pense M. de Guilhermy, du tombeau du duc de Noailles. C'est cette tête, d'origine douteuse, mais qui, à coup sûr, n'était pas celle de Turenne, que la foule a contemplée pendant vingt-cinq ans avec admiration, et peut-être parfois avec émotion ! Deuxième truc historique bien digne de figurer à côté du Charles V transformé en saint Louis !

CHAPELLE DE SAINT - JEAN - BAPTISTE (dite *des Charles*). On y avait rétabli les tombeaux de Du Guesclin, de Louis de Sancerre et de Guillaume du Chastel. Quant à la tombe de Bureau de la Rivière, qui avait été fondue en 1793, on l'avait remplacée par un assez maladroit pastiche composé de divers fragments de tombeaux surmontés de la statue d'un personnage d'une époque certainement postérieure au noble chambellan qu'elle avait la prétention de représenter.

JEANNE D'ARC. Pendant qu'on fabriquait ainsi des monuments à tort et à travers, sans scrupule historique ni souci des traditions, on jugea à propos d'édifier à la mémoire de Jeanne d'Arc, que son roi avait laissé prendre et brûler sans défense, et qui n'avait jamais eu de monument à Saint-Denis, un trophée singulier dans la chapelle des Charles. Sur une dalle de marbre on grava la reproduction dorée d'une armure du Musée d'artillerie, ayant, dit-on, appartenu à la fameuse pucelle. Plus bas on inscrivit deux lignes en vieux français, composées par l'un de ces messieurs de l'Académie des Inscriptions :

Ce que estoit le harnois de Jehanne par elle baillé en *hommaige à monseigneur Sainct Denys.*

Le tout était entouré de badigeonnages ridicules qui représentaient les armoiries de la famille de Jeanne d'Arc et son glorieux étendard. M. Viollet-Leduc a fait disparaître au plus vite toutes les traces de ces incroyables et grotesques improvisations.

Monuments de la crypte.

On plaça dans la crypte qui s'étend sous l'église tous les autres tombeaux, statues et monuments divers qui n'avaient point été détruits, ou qui avaient été refaits ou même faits pour la première fois. On entrait dans cette vaste et sombre nécropole par une porte ouverte sur le croisillon septentrional de l'église, et on trouvait devant soi, rangés à la suite l'un de l'autre, et dans l'ordre suivant, qui est à peu près celui des dates, les cénotaphes des reines et des rois :

1. Un soi-disant tombeau de Clovis Ier, qui fut enterré dans l'église Sainte-Geneviève ; tombeau dont la statue seule est authentique, comme œuvre du XIIIe siecle. Quant aux statues de Clovis et de la reine Clotilde qu'on voyait au fond du premier caveau, et qui proviennent de l'église Notre-Dame de Corbeil, dont le portail magnifique fut démoli en 1793, elles n'ont aucune valeur comme authenticité. Elles ont été replacées dans l'église, mais, cette fois, sans inscription, aux côtés de la porte du croisillon septentrional ;

2. *Childebert Ier*. Le tombeau de marbre contenant les restes de Childebert et de sa femme Ultrogothe date du XVIIe siècle. Il a été réédifié en 1656 ; mais le marbre qui le recouvre remonte au XIIe siècle. On y voit la statue en creux de Childebert, vêtu des ornements royaux.

3.Une tombe, sculptée en 1817 en l'honneur de Clotaire Ier, qui avait été enseveli à Saint-Médard, à Soissons, où on lui avait élevé, au XIIe siècle, un tombeau et une statue, détruits avec l'église pendant la Révolution. La tombe nouvelle est restée dans la crypte.

4.Une grande dalle de marbre, sur laquelle étaient gravées, d'après Montfaucon, trois têtes de reine : Ultrogothe, femme de Childebert 1er ; Haregonde, femme de Clotaire Ier, et Ingoberge, femme de Chérebert. On a également laissé dans la crypte ce médiocre monument, qui n'a aucune valeur, ni comme vérité, ni comme exécution.

5.Un buste de Chérebert, qui n'a pas plus d'authenticité que la statue de Chilpéric placée un peu plus loin, et qui avait été refaite pour les besoins de la chronologie.

6.La tombe en mosaïque de la reine Frédégonde, qu'on m'assure être contemporaine de cette cruelle princesse, ce qui est peu probable, l'église Saint-Germain-des-Prés, où la reine a été enterrée, ayant été pillée et même brûlée plusieurs fois depuis sa mort jusqu'au XIe siècle. C'est à cette époque que fut vraisemblablement refaite la tombe curieuse, — et aussi précieuse, — de cette princesse. On l'a placée dans le Saint-Denis restauré, sous l'arcade de la seconde travée de l'abside.

7° Deux dalles gravées en creux et provenant de Saint-Germain-des-Prés, où elles couvraient les restes de Clotaire II et de sa femme Bertrude. On a laissé dans la crypte ces tombeaux, qui ne datent que de 1656, et qui n'ont aucune valeur historique ni artistique.

8.Deux bustes : l'un en pierre, représentant Dagobert, l'autre en terre cuite, baptisé Nantilde. Ils sont d'exécution médiocre, et ils n'ont pas non plus reparu dans l'église haute.

9.La tombe gravée en creux de Childéric II, provenant de Saint-Germain-des-Prés, et refaite également en 1656. Elle a eu le sort des précédentes.

10.*Clovis II*. La statue de son tombeau, refaite au XIIIe siècle, et qui a été remontée de la crypte dans l'église haute.

C'est en 1263, le jour de saint Grégoire, que saint Louis fit rétablir à Saint-Denis les tombes de ses prédécesseurs après la cérémonie solennelle de la translation de leurs restes. On y édifia successivement les tombeaux des rois Eudes, Hugues Capet, Robert, Henri, Louis le Gros, Philippe le Jeune, et des reines Constance, femme de Robert, et Constance, femme de Louis VII. En 1264, Clovis II, Charles Martel, Pépin et sa femme Berthe, Ermentrude, Carloman, fils de Pépin, et Louis et Carloman, fils de Louis le Bègue, furent également replacés sous les tombeaux nouvellement édifiés.

Ces tombeaux nous sont presque tous parvenus dans un état de conservation qui a permis de leur rendre, à peu près et sans grande peine, leur physionomie première. M. Viollet-Leduc les a rétablis à la place même que leur avait jadis assignée saint Louis. Les statues des princes et princesses les représentent dans une attitude uniforme ; tous les vêtements, les ornements et les attributs sont les mêmes ; la tenue est raide, un peu guindée, sans élégance et aussi sans grâce aucune ; mais elle ne manque ni de dignité, ni de grandeur.

11. *Les statues impériales.* Napoléon Ier, qui désirait être inhumé à Saint-Denis, voulut s'y préparer un cortège magnifique d'empereurs autour de l'emplacement qu'il avait choisi pour le caveau funèbre de sa dynastie. Par ses ordres on commença un monument magnifique, dédié à Charlemagne, et qui devait s'élever dans l'église qu'il voulait « impérialiser ». On devait voir Charlemagne debout sur une colonne de marbre, au pied de laquelle les statues de pierre des empereurs ses successeurs auraient été placées. Mais 1814 survint, et le monument n'était pas achevé ; on avait seulement terminé les statues, qui ont pris leur rang dans la crypte. Ce sont de grosses masses de pierre, assez grossièrement travaillées, qui ne font pas honneur aux sculpteurs de l'époque impériale, et qui représentent plus ou moins exactement Charlemagne, Louis le Débonnaire, Charles le Chauve, Louis le Bègue, Charles le Gros, et même Louis d'Outremer, qui n'a été que roi, et qu'on avait ainsi créé empereur, sans

doute parce que, dans le projet du monument, il fallait absolument six statues impériales.

Ces affreuses statues sont justement rentrées dans la crypte.

12. *Henri Ier*. Comme on voulait une statue de ce roi, et qu'on n'en avait point, on ne trouva rien de mieux que de prendre une statue de Carloman, frère de Charlemagne, et cependant bien connue pour telle, et on grava au-dessous :

Henricus rex filius Roberti.

Ce n'était pas plus difficile que cela !

13. *Louis VII*. Ce prince était mort à Paris le 18 septembre 1181 ; il ne fut pas enseveli à Saint-Denis, mais bien dans l'église de l'abbaye de Barbeau, qu'il avait fondée près de Melun. On lisait ainsi son épitaphe, rétablie dans la restauration moderne de son tombeau :

Ludovicus rex.

Mézeray rapporte une profanation assez singulière qu'eut à subir, sous Charles IX, le cercueil du roi Louis VII. Le roi, étant à Fontainebleau, alla, avec plusieurs seigneurs de la cour, visiter le tombeau de Louis VII, et il le fit ouvrir devant lui. Le corps était bien entier, revêtu d'ornements à demi consumés par la pourriture ; près de lui on voyait un sceptre et des sceaux en argent. Il avait des anneaux aux doigts et une croix d'or au cou. Le roi et les princes qui l'accompagnaient s'emparèrent de ces bijoux « pour les porter en mémoire d'un si bon et religieux monarque. »

L'abbaye de Barbeau fut en partie détruite sous la Révolution ; mais les restes du roi ne furent pas dispersés, car on les retrouva à leur place en 1817, et on les transporta à Saint-Denis dans un cercueil de plomb.

14. Tombeaux et statues de Philippe, fils de Louis VI, de Louis VIII et de sa femme Blanche de Castille.

Il y eut longtemps à Saint-Denis une statue de la mère de saint Louis, qui n'était autre que celle de la princesse Catherine de Courtenay, impératrice de Constantinople. La Blanche de Castille qu'on voit à Versailles a même été sculptée par M. Etex sur cette fausse indication. On a depuis établi une autre reine Blanche d'après celle qu'on voit au tombeau de Dagobert.

Le buste de Louis VIII, qu'on avait placé non loin de la statue de sa femme, et qui était moitié en plâtre et moitié en marbre, était aussi d'une authenticité très-contestable.

15. Une plaque de marbre, avec une inscription rappelant la translation faite à Saint-Denis, le Ier août 1791, des restes des princes de la famille de saint Louis, qui avaient été inhumés à Royaumont.

16. Le joli, élégant et authentique tombeau de Philippe et de Louis, frère et fils de saint Louis, qu'on a remonté et replacé dans l'église haute, dans la chapelle de saint Hippolyte.

17 *Saint Louis et Marguerite de Provence*. Deux bustes en plâtre moulés sur le Charles V au long nez, et la Jeanne de Bourbon, qu'on avait pris pour Louis IX et pour sa femme, ainsi que nous l'avons dit plus haut. On avait gravé sur les supports de ces bustes, probablement restés aussi dans la crypte, la double inscription suivante :

Monsr Saint Loys mort en mcclxx Marguerite de Prouence morte en mcclxxxxv

18. Deux pierres gravées en creux, rehaussées d'or et de couleur, provenant de Sainte-Catherine du Val-des-Écoliers, église de Paris démolie sous Louis XVI. Ces pierres représentent la fondation du monastère de Sainte-Catherine en 1200 par les sergents d'armes, après la victoire de Bouvines.

On lit sur la première :

Les sergens d'armes pour le temps gardoient le dit pont et vouerent que se Dieu leur donnoit vittoire ils fonderoient une église en lonneur de madame Sainte Katherine et ainsi fit il.

Et sur la seconde :

A la prière des sergens d'armes mons Saint Loys fonda ceste Eglise et y mist la premiere pierre, et fu pour la joie de la vittoire qui fu au pont de Bouines l'an mil cc et xuu.

Ces deux pierres ne remontent probablement pas à l'époque consignée dans les inscriptions. Il est plus que supposable qu'elles ont subi des modifications et des restaurations postérieures, — ou même qu'elles ne datent que de l'année où Charles V constitua définitivement la confrérie des sergents d'armes, en 1376. On les voit aujourd'hui dans la chapelle dite *des Charles,*

19. *Charles d'Anjou,* Ce frère de saint Louis était roi de Sicile et de Jérusalem. C'est sous son règne qu'eut lieu, en 1282, le fameux massacre des vêpres siciliennes. Il fut enterré à Naples, où un monument de marbre, qui existe encore, lui a été élevé. Son cœur seul fut envoyé en France et placé aux Jacobins sous le très-beau cénotaphe si mal restauré à l'époque de sa réédification à Saint-Denis, et que M. Viollet-Leduc a fait rétablir dans l'église haute, en son état primitif.

On lit sur les côtés de la tombe :

Ci gist li cuers du grant Roy Charles qi conquit Sezile qi fu freres de mô Seigneur S. Loys de France et li fist faire ceste tombe la royne Clemence sa niece ; fust enterré l'an de grace mcccxxvi seant le chapitre général des frères precheurs à Paris à Penthecoste.

20. Une petite statue de marbre étendue sur un tombeau de pierre et représentant une princesse tout à fait enfant. La statue remonte au XIVe siècle ; le tombeau est moderne. On a supposé que c'était l'effigie de la princesse Blanche, fille du comte d'Artois, d'abord reine de Navarre et devenue, en secondes noces, comtesse de Lancastre. La statue est jolie, élégante, et d'un travail très-délicat ; mais rien ne certifie qu'elle soit bien celle de la princesse dont elle porte le nom.

21. La statue de marbre de Blanche, fille de saint Louis, née en Syrie en 1252 et morte en 1320. Elle avait épousé Ferdinand de la Cerda, fils d'Alphonse X, roi de Castille. On lit sur le tombeau, provenant de l'église des Cordeliers :

Ici gît madame Blanche fille de monseigneur Saint Louis et femme de mons. Ferdillalld de Lacerde roi de Castille, qui *trépassa de ce siècle l'an de grâce m ccc xx le dix-septieme jour* de *juin. Priez, pour l'âme d'elle que Dieu bonne merci lui fasse. Amen.*

22. Le tombeau de Philippe le Hardi et de la reine Isabelle d'Aragon, sa femme. On les a replacés dans l'église haute, à la droite du caveau impérial.

23. Une tête de reine inconnue, en marbre, et provenant sans doute de l'abbaye de Maubuisson. M. de Guilhermy suppose que cette tête représente ou la reine Jeanne d'Évreux, ou la reine Bonne de Luxembourg, mère de Charles V, tandis qu'à Saint-Denis, dans la crypte où elle est sans doute aujourd'hui restée, on en avait fait la reine Marie de Brabant, deuxième femme de Philippe le Hardi.

24. Le tombeau très-complet et très-conservé de Philippe le Bel, rétabli aujourd'hui dans la nef, à droite du caveau impérial.

25. Le tombeau d'un prince inconnu, œuvre du XIVe siècle, provenant de l'église des Cordeliers. On en avait fait dans la crypte, aussi bien, d'ailleurs, qu'au musée des monuments français, le prince Pierre d'Alençon, fils de saint Louis, mort en 1283. M. Viollet-Leduc n'a point voulu être complice de ce mensonge ; il a fait placer le prince et son tombeau au-dessus du chœur, en haut du petit escalier de gauche, avec la seule inscription raisonnable et possible :

Prince inconnu.

26. La tombe en pierre coloriée de Louis et de Philippe d'Alençon, provenant de l'abbaye de Royaumont.

27. Une statue de princesse inconnue, qu'on a d'abord appelée Jeanne de Navarre, femme de Philippe le Bel, puis Blanche de Bretagne, femme de Philippe d'Artois, et qui n'est probablement ni l'une ni l'autre. Elle

n'est point cataloguée dans l'ouvrage d'Alex. Lenoir, et sa provenance n'est pas plus connue que son origine.

28. Une autre pierre coloriée, avec une figure d'enfant, sculptée en relief, et provenant aussi de l'abbaye de Royaumont, où elle recouvrait les restes d'un fils de Philippe d'Artois.

29. Tombeau de marbre noir de Catherine de Courtenay, fille de Philippe de Courtenay, empereur *in partibus* de Constantinople, et femme de Charles, comte de Valois. Elle avait pris le titre d'impératrice. M. Viollet-Leduc a réuni sa tombe à celle de son mari dans la chapelle de saint Hippolyte. Dans la crypte, d'ailleurs, le prince et sa femme occupaient également une même chapelle. Leurs tombeaux provenaient, celui du comte de Valois de l'église des Jacobins, et celui de Catherine de Courtenay de l'abbaye de Maubuisson, où son cœur et ses entrailles avaient été ensevelis.

L'épitaphe qu'on lit tracée sur la bordure du tombeau est tout à fait moderne, mais elle a au moins le mérite d'être authentique :

Ci gît dame de noble mémoire madame Catherine Emperière de Constantinople, dame de Courtenay, fille à monseigneur Philippe de Courtenay qui fut femme à monseigneur Charles fils du roi *de France, comte de Valois, d'Alençon, de Chartres et d'Anjou, qui trépassa* en *l'an mil ccc vii le huitième jour d'août. Priez pour l'âme d'elle. Amen.*

30. Les tombeaux, avec statues de marbre, de Louis de France, comte d'Évreux, et de sa femme, Marguerite d'Artois, provenant de l'église des Jacobins. Leur épitaphe est ainsi conçue :

Ci gît monseigneur Louis de France comte d'Evreux, fils du roi de France et frère du roi Philippe le Bel, lequel trépassa l'an m ccc dix neuf le dix-neuvième jour de mai et madame Marguerite sa femme, fille de monseigneur Philippe fils du bon comte Robert d'Artois, laquelle trépassa l'an m ccc xi le vingt-troisième jour d'avril.

Ces deux tombeaux, les plus remarquables et les plus complets de leur époque qui nous soient parvenus, sont placés aujourd'hui dans la chapelle Saint-Hippolyte.

31 Louis X, fils de Philippe le Bel, et sa femme, Clémence de Hongrie, prise longtemps pour la princesse Bonne de Luxembourg, femme

du roi Jean. La reine avait été ensevelie aux Jacobins, où on lisait ainsi son épitaphe :

> *Ci gît madame Clémence reine de France et de Navarre femme du* roi *Louis dixième et fille du* roi de Hongrie, *laquelle décéda au Temple à Paris le quatorzième jour d'octobre en l'an m ccc xxiii. Priez pour que Dieu bonne merci lui fasse. Amen.*

32. La statue du roi Jean, qu'on voyait autrefois, ainsi que je l'ai dit plus haut, couchée sur le même tombeau, à côté de celle de son père. Dans la restauration des tombeaux dans la crypte, le pauvre petit roi avait été, sans doute dans un intérêt de mise en scène bien peu excusable, séparé de son père, et placé debout au fond d'une chapelle où on lui avait pastiché un tombeau composé de fragments de monuments des XIIe et XIVe siècles ! M. Viollet-Leduc a replacé le jeune prince sur la tombe paternelle, à droite, dans la grande nef de l'église [7].

33. La princesse Jeanne de France, fille aînée de Louis X, reine de Navarre, mariée à Philippe, comte d'Évreux, dit *le Bon* et *le Sage*. On avait placé leurs cœurs dans l'église des Jacobins, sous un riche et magnifique tombeau que la Révolution a détruit.

34 Les tombeaux de Philippe V et de Charles IV. Aux côtés de ce dernier, la statue de sa femme, Jeanne d'Évreux.

35. Le tombeau de Charles, comte d'Étampes, provenant de l'église des Cordeliers. Ce tombeau avait d'abord été attribué au propre père du prince, Louis de France, comte d'Évreux. C'est une des œuvres les plus distinguées et les plus élégantes du XIVe siècle qui soient aujourd'hui à Saint-Denis. La tête, très-fine d'expression, et d'une exécution parfaite, est entourée d'un dais de marbre percé à jour et d'un travail des plus délicats.

L'inscription du tombeau nous donne la date du décès du prince :

> *Il trépassa de ce siècle l'an de grâce m ccc xxxvi le xxiiii jour d'août. Priez, pour l'âme de lui. Que Dieu bonne merci lui fasse. Amen.*

36. La comtesse Marguerite de Flandres occupait dans la crypte la moitié du tombeau de son père, le roi Philippe V. M. Viollet-Leduc lui a

fait les honneurs d'un nouveau tombeau, pour elle seule, dans la chapelle Saint-Michel ; mais il ne lui a pas rendu les légères colonnes et l'élégant tabernacle du XIVe siècle qu'on voyait à Saint-Denis avant la Révolution, et dont j'ai parlé plus haut.

37. Le tombeau de Béatrix de Bourbon, provenant de l'église des Jacobins. Cette princesse était fille de Louis Ier, duc de Bourbon. Son premier mari, Jean de Luxembourg, roi de Bohême, fut tué à Crécy. Sa veuve se remaria, morganatiquement sans doute, avec un comte bourguignon, Eudes de Grancey, dont l'épitaphe de la princesse ne fait aucune mention :

Ci dessous gît très noble et très puissante dame madame Béatrix de Bourbon jadis reine de Bohême et comtesse de Luxembourg qui trépassa le vendredi jour de Noel 25e jour du mois de décembre 1383. Priez pour son âme.

38. Le tombeau de marbre blanc de Blanche de France, fille de Charles le Bel, morte en 1392, à 65 ans.

39. Le tombeau de Charles de Valois, comte d'A-lençon, frère de Philippe VI, et de sa femme, Marie d'Espagne, provenant de l'église des Jacobins.

Ce prince fut tué à la bataille de Crécy, ainsi que le constate son épitaphe :

Ci gît monseigneur Charles frère du roi Philippe de Valois, vaillant et noble prince comte d'Alençon et du Perche, sire de Verneuil et de Domfront qui mourut à la bataille de Crécy le 26 août l'an 1346.

La princesse sa femme avait épousé en premières noces le comte Charles d'Étampes. Elle se remaria, en 1336, avec le comte d'Alençon, et mourut plus de quarante ans après lui :

Ci gît madame Marie d'Espagne, compagne du comte d'Alençon, comtesse d'Etampes, laquelle trépassa l'an 1379 le 19e jour de novembre. Priez pour son âme.

Pendant longtemps, dans la crypte, la statue de cette princesse avait reçu le nom de Jeanne de Bourgogne, femme de Philippe V, auprès duquel on l'avait couchée. Ce n'est qu'en 1839 qu'on lui rendit sa place naturelle et son nom véritable.

40. Le tombeau de Philippe de Valois et de Blanche d'Évreux. Jusqu'en 1839, époque d'un classement nouveau, et moins légèrement accompli, des tombeaux dans la crypte, la statue de Blanche d'Évreux fut attribuée à Clémence de Hongrie, femme du roi Louis X. Quant à l'ancien tombeau de métal du prince Philippe, que la Révolution a envoyé à la fonte, il a été rétabli en marbre blanc, mais dans sa forme primitive.

41. Le roi Jean II, mort à Londres, dans l'hôtel de Savoie, pendant sa captivité volontaire, en 1364.

42. Jeanne de France, fille de Blanche d'Évreux. La mère et la fille avaient un tombeau commun avant la Révolution ; j'en ai donné plus haut le détail et l'épi taphe. Les arrangeurs des tombeaux dans la crypte ont d'abord appelé Blanche d'Évreux Clémence de Hongrie, puis, revenus de leur erreur, ils ont trouvé plus naturel de réunir la femme au mari que la mère à la fille. Mais, dans la restauration actuelle, M. Viollet-Leduc, qui veut, avant tout, rétablir la vérité historique, a placé sur un tombeau nouveau les deux princesses, si longtemps désunies, à l'endroit même d'où la Révolution les avait chassées, au milieu de la chapelle Saint – Hippolyte. L'ancien et magnifique tombeau de marbre noir, autour duquel étaient représentés, par vingt-quatre statuettes de marbre blanc, les ancêtres des deux princesses, n'a pas été retrouvé.

43. Le tombeau sur lequel sont couchés Charles V et la reine sa femme, Jeanne de Bourbon. La statue de la reine provient de l'église des Célestins, où avaient été inhumées ses entrailles.

44. Une curieuse statue de Marie de Bourbon, abbesse de Saint-Louis de Poissy et belle-sœur du roi Charles V. Elle mourut en 1402 et fut inhumée dans l'église de son monastère. La statue de l'abbesse est de marbre blanc, et le grand et long manteau à capuchon qui la recouvre est de marbre noir. Elle vient d'être placée à Saint-Denis, debout sur un pilier, dans la chapelle Saint-Hippolyte.

45. Tombeau de Léon de Lusignan, roi d'Arménie, détrôné sous Charles V et mort sous Charles VI. On ensevelit son corps dans l'église des Célestins, d'où p.ovient sa statue. Son tombeau, de marbre noir, porte l'inscription suivante :

Cy gist tres noble et excellet prince Lyon de Lizingne quit roy lati du royaume d'Arménie, qui redi lame a Dieu à Paris le XXIX jour de novebre lan de grace m ccc IIII et XIII. Priez pour luy.

46. Charles VI et Isabeau de Bavière, qui occupaient le même tombeau, ont été séparés dans la crypte. M. Viollet-Leduc a, depuis, réuni dans la chapelle Saint-Jean-Baptiste ces deux époux qui, s'ils pouvaient parler, demanderaient peut-être en grâce à l'aimable architecte de les désunir encore une fois dans la mort, comme ils l'avaient été dans la vie !

47. Les bustes de Charles VII et de sa femme, Marie d'Anjou, provenant de leurs statues brisées pendant la Révolution. Ils sont encore restés dans la crypte, et je suppose que M. Viollet-Leduc a l'intention de leur faire édifier un nouveau tombeau avec de nouvelles statues sculptées d'après ces deux bustes.

48. Louis XI, mort en 1482, fut enterré à l'église Notre-Dame de Cléry. Les calvinistes ayant détruit, au XVIe siècle, le tombeau de bronze qui recouvrait ses cendres, le roi Louis XIII lui fit élever un nouveau monument tout en marbre, que sculpta Michel Bourdin, artiste orléanais de l'époque. Le tombeau a été détruit en 1793 ; mais la tête du roi a pu être sauvée, et elle a été rétablie dans un nouveau tombeau élevé dans la nef de l'église de Cléry. C'est la médiocre copie en pierre de ce buste qu'on voyait dans la crypte, placée sur une colonne de pierre sculptée provenant du château de Gaillon. M. Viollet-Leduc l'y a heureusement laissée.

49. Le magnifique tombeau de la maison d'Orléans, provenant de l'église des Célestins, où Louis XII l'avait fait élever, en 1504, à la mémoire de ses parents, et où il fit inhumer son grand-père, Louis d'Orléans, fils de Charles VI ; son aïeule, Valentine de Milan ; son père, Charles d'Orléans, et son oncle, Philippe, comte de Vertus.

Cet admirable monument a été démembré lors de l'organisation du musée d'Alex. Lenoir. On en fit alors trois tombeaux différents et séparés : le premier fut appelé tombeau de Valentine de Milan ; le second, tombeau du duc d'Orléans, et le troisième, tombeau des enfants d'Orléans. On a suivi, pour leur emplacement dans la crypte de Saint-Denis, l'indication même du catalogue de l'ancien musée ; le tombeau complet, là aussi, en a fait trois.

Aujourd'hui les trois fragments de tombeaux, définitivement réunis, — il faut du moins l'espérer, — occupent, dans la chapelle Saint-Michel, la place d'honneur qui est bien due à une œuvre aussi magnifique et aussi distinguée.

50. Le joli monument de la princesse Renée d'Orléans, morte à Paris en 1515, à l'âge de sept ans, et ensevelie dans l'église des Célestins. C'est encore une des œuvres remarquables de la Renaissance, et l'art avec lequel elle a été restaurée, dans l'église haute, auprès du tombeau de François Ier, lui a rendu toute sa beauté première et tout son intérêt artistique. J'engage le lecteur qui visitera Saint-Denis à faire le tour de ce gracieux monument et à en admirer avec soin les mille détails si finis, si minutieux, si pleins d'originalité et aussi de bizarrerie ; je recommande surtout les bas-reliefs avec leurs emblèmes curieux et même amusants, où la légende se mêle à la réalité, et qui témoignent si bien de la liberté laissée à l'artiste de suivre les caprices de son imagination et de sa fantaisie [8].

L'inscription du tombeau donne tout au long, sans en oublier une seule, les hautes et nobles qualités et titres de la défunte, et supplée suffisamment à sa biographie :

Ci gît très excellente et noble demoiselle Renée d'Orléans, en son vivant comtesse de Dunois et de Tancarville, de Montgomery, dame de Montreuil-Bellay, de Chateau Renault, etc., fille unique de très excellents et puissants prince et princesse François, en son vivant duc de Longueville, comte et seigneur des dits comtés et seigneuries, connétable de Normandie, lieutenant général et gouverneur pour le roi en ses pays de Guyenne, et madame Françoise d'Alençon son épouse, père et mère de la dite demoiselle, laquelle trépassa en l'âge de 7 ans au lieu de Paris le 23e jour de mai l'an 1515. Dieu ait son âme, et de tous autres. Pater Noster. Ave Maria.

51. Deux princesses de la famille de Bourbon, Catherine, abbesse de Notre-Dame de Soissons, et Marie, sa sœur, provenant de l'abbaye de Notre-Dame de Soissons. La statue de la princesse Marie est seule parvenue jusqu'à nous ; le tombeau de l'abbesse a été détruit en 1793 ; mais l'épitaphe, commune aux deux princesses, a été conservée. La statue, placée sur un fragment de colonne, est petite et très-jolie de forme et d'expression ; le costume de cour est complet et artistement drapé ; la princesse est à genoux, et son manteau royal, doublé d'hermine, s'étend

amplement autour d'elle et n'ôte rien à la grâce ni à l'élégance de l'ensemble de ce gracieux monument, qui a été rétabli par M. Viollet-Leduc à l'endroit même où s'élevait jadis le tombeau de Turenne. On a placé dans le mur, derrière la statue de la princesse, la plaque de marbre qui était a Notre-Dame de Soissons, et sur laquelle est gravée, en lettres d'or, l'inscription suivante :

> *Cy gisent les corps de très illustres princesses mesdames Marie et Catherine de Bourbon sœurs, et tantes du Roy Henry quatriesme, filles de très illustre prince Charle de Bourbon duc de Vandosme et de Françoise d'Alençon leur mère ; la dicte dame Marie mourut [2] estant fiancée à Jacque Sinquiesme du nom Roy Descosse, et la dicte dame Catherine après avoir esté sinquante et un an abbesse de labbaye de ceans passa de ce monde le septiesme avril 1594.*
>
> *Priez Dieu pour leurs ames.*

52. Après deux inscriptions, relatives à Marguerite de Valois, femme de Henri IV, et à la duchesse de Longueville, on trouvait dans la crypte l'adorable vase de marbre qui renfermait, à l'abbaye de Haute-Bruyère, le cœur du roi François Ier. C'est un monument unique, véritable chef-d'œuvre de la Renaissance, admirablement conservé et d'une finesse d'exécution incomparable. Il faut regarder avec beaucoup de soin les bas-reliefs, à hauteur d'homme, si délicatement travaillés, et qui représentent diverses manifestations de l'étude des arts. Des inscriptions latines sont gravées autour de ce monument, qui est l'œuvre du sculpteur Bontemps.

Je trouve dans le catalogue du musée des monuments français les comptes des travaux faits « aux sépultures du feu roy François, dernier décédé, par Pierre Bontemps, maître sculpteur, bourgeois de Paris, etc » Il a reçu « 1659 livres pour le grand tombeau ; puis 40 livres pour parfaire en marbre tant les figures de madame la Régente que celles de feu messieurs le Dauphin et d'Orléans, pour mettre à la sépulture du feu roy François » De son côté, Germain Pilon a reçu 1,100 livres pour huit figures de marbre blanc, et il a été payé 2 10 livres à Catherine Bourienne, veuve de feu Ambroise Perret, pour quatre bas-reliefs. Quant à la dépense du vase contenant le cœur, en voici le compte textuel :

« A Pierre Bontemps la somme de 115 livres pour ouvrages de maçonnerie et taille de sculpture en marbre blanc par lui faits de neuf à un vase pour le chœur de l'église de l'abbaye de Haute-Bruyère, où est le cœur du feu roi François I$^{er.}$ »

53. Les statues de marbre de Henri II et de Catherine de Médicis, en grand costume de cour, couchées sur un lit de parade également de marbre, et qui date du premier Empire. Jadis, le roi et la reine reposaient sur deux lits magnifiques, en bronze, semés de chiffres et de fleurs de lis, et qui ont été fondus en 1793. On voit aujourd'hui ces deux belles statues, œuvre de Germain Pilon, dans l'ancienne chapelle du tombeau de Turenne.

54. Le tombeau de Diane de France, fille naturelle légitimée du roi Henri II, et successivement mariée à Horace Farnèse, duc de Castro, et à François, maréchal duc de Montmorency. Le monument qui lui a été élevé dans la crypte a été composé de morceaux divers maladroitement rassemblés ; la statue seule est authentique. Je ne sais ce qu'elle est devenue, mais je ne l'ai point retrouvée dans le Saint-Denis actuellement restauré. On lisait sur le tombeau l'épitaphe suivante :

Diane de France, fille et sœur légitimée des Rois, duchesse d'Angoulesme, douairière de Montmorancy, décédée à Paris l'onziesme janvier 1619, *agée de* 80 *ans.*

55. Une très-belle statue de marbre de Charles de Valois, provenant du tombeau érigé à ce prince dans l'église des Minimes de la place Royale, était placée, dans la crypte, sur un tombeau composé, comme le précédent, de morceaux sans uniformité et pris un peu partout. Le prince était fils naturel de Charles IX et de cette Marie Touchet plus célèbre dans les romans que dans l'histoire. Il occupa beaucoup de positions diverses : d'abord grand prieur, puis général de cavalerie légère, il faillit être décapité, et fut emprisonné près de douze ans à la Bastille. Il mourut en 1650, au commencement du règne de Louis XIV. Son tombeau n'a pas été remonté dans l'église haute ; mais je suppose qu'on lui a trouvé un emplacement préférable à l'humide et sombre crypte. Quand

on enterra ce prince d'aventure, on grava sur la plaque en cuivre de son cercueil l'épitaphe suivante :

Ci gît très haut et puissant Prince monseigneur Charles de Valois duc d'Angoulême, comte d'Auvergne et de Clermont, pair de France, décédé à Paris le 23 septembre 1650 à l'age de 78 ans.

56. Un buste assez ressemblant, mais fort médiocre, du roi Henri IV, était placé sur un monument bâti avec des fragments de colonnes et de tombeaux divers provenant du musée des monuments français. On avait reproduit sur une tablette de marbre l'épitaphe gravée sur le cercueil du roi.

57. Une inscription en l'honneur de Marie de Médicis, puis un monument, tout à fait moderne comme disposition, élevé à la plus grande gloire de Louis XIII, et supportant son buste en pierre factice, d'après le bronze de Varin, qu'on voit au Louvre, au musée de la Renaissance. Quelques parties de ce monument nouveau provenaient du magnifique mausolée d'argent, de bronze et de marbre qu'Anne d'Autriche avait fait élever à son royal époux dans l'église de la maison des Jésuites, à Paris. On a également reproduit l'inscription du tombeau, qui ne pouvait cependant avoir de sens raisonnable qu'a l'endroit même où le monument avait été d'abord édifié.

58. L'oncle de Louis XIV, le frère de Louis XIII, Gaston de France, avait dans la crypte un monument également pastiché à l'aide de fragments nombreux ramassés de tous côtés, et sur lequel on avait placé son buste de marbre, provenant du palais du Luxembourg. Sous ce buste, où le prince est représenté assez jeune et en costume romain, on avait gravé l'inscription de son cercueil :

Ici est le corps de très haut, très puissant et excellent prince Gaston Jean Baptiste de France, duc d'Orléans, frère du roi Louis XIII, décédé au chateau de Blois le 2 février 1660. Requiescat in pace.

59. On a voulu également présenter aux visiteurs de la crypte deux monuments en l'honneur de Louis XIV et de la reine Marie-Thérèse, sa femme. Pour celui de Louis XIV, on employa des trophées de marbre blanc provenant du tombeau du prince de Conti, à Saint-André-des-Arcs, à Paris ; des pleureuses arrachées au tombeau d'un richard, et dont l'une a représenté, pour la circonstance, le personnage de la France, tan-

dis que l'autre jouait celui de la Navarre. Un cœur de marbre soutenu par un ange, également ravi à quelque tombe ignorée, couronnait ce beau chef-d'œuvre, au milieu duquel on avait placé un médaillon en marbre du grand roi. M. Viollet-Leduc a, je suppose, laissé tout cela dans la crypte, puisqu'il ne veut admettre dans l'église haute que des tombeaux parfaitement authentiques, ou des copies conformes aux monuments détruits. C'est aussi pour cela que le tombeau arrangé de Gaston d'Orléans n'a point encore obtenu de place dans l'église ainsi restaurée.

60. Sur un piédestal de marbre, surmonté d'une petite colonne, on voyait, assez haut juchée, la tête de pierre du duc d'Orléans, régent de France, mort, comme chacun sait, dans d'autres bras que ceux de la religion, en l'année 1725.

61. On trouvait ensuite une statue de marbre de la reine Marie Leczinska, femme du roi Louis XV, placée sur un monument également composé de morceaux divers. Sur le piédestal on lisait l'épitaphe même copiée sur le cercueil :

Ici est le corps de très haute, très puissante et très vertueuse Reine Marie Lecsinska, épouse de très haut et très puissant Roi Louis XV, décédée le 24 juin 1768 à l'âge de 65 ans. Requiescat in pace.

62. Un immense tombeau à la gloire de Louis XV, dans la composition duquel M. le baron de Guilhermy a trouvé les fragments suivants :

1° Le sarcophage provenant du tombeau d'une duchesse de Joyeuse, aux Cordeliers ;

2° L'urne contenant, soi-disant, le cœur du roi, et ayant renfermé jadis aux Célestins le cœur d'une comtesse de Brissac ;

3° Une pleureuse en marbre blanc arrachée au tombeau de Mme Moitte, femme du sculpteur de ce nom, et que son mari avait ainsi représentée pour un tombeau de famille ;

4° Un bas-relief trouvé dans la salle des séances de l'académie des Arts ;

5° Un médaillon en bronze de Louis XV, en empereur romain, acheté chez un marchand brocanteur, et accroché à une pyramide de marbre provenant elle-même de quelque monument funéraire.

On conçoit aisément que ce ramassis d'oripeaux bizarres n'ait pas été admis dans la restauration ac-2tuelle.

63. Un médaillon de marbre, sur lequel est sculptée l'effigie de Louise-Marie de France, fille de Louis XV, et morte religieuse au couvent des Carmélites de Saint-Denis.

On trouve à l'entrée de la ville, dans la jolie petite église de la rue de Paris, jadis la chapelle des Carmélites, l'épitaphe de cette princesse gravée sur une plaque de marbre :

Dans le chapitre de ce monastère repose le corps de la très révérende mère Thérèse de Saint Augustin, Louise Marie de France, fille du roi très chrétien Louis XI. Elle prit l'habit de l'ordre du Mont Carmel le 10 septembre 1770, elle s'y consacra à Dieu par la profession religieuse le 12 septembre 1771 ; elle décéda le 23 décembre 1787.

Priez pour elle.

On lit encore plus bas :

Ce marbre a été conservé par les sr et dame Laruelle depuis l'an Ils en ont fait hommage à cette église, lieu de sa première destination, le 25 août 1817.

64. On avait encore placé dans la crypte deux monuments de marbre blanc représentant Louis XVI et Marie-Antoinette en grands costumes de cour, agenouillés devant des prie-Dieu. Ces statues étaient destinées à orner la chapelle Saint-Louis, où on les avait placées sur des piédestaux, aux côtés même de l'autel Mais cela se passait avant 1830. Les trois journées effrayèrent sans doute les organisateurs du musée, qui voyaient des iconoclastes dans tout patriote armé d'un fusil, et qui redoutaient un nouveau 93, lequel, cette fois, n'eût pas trouvé de cercueils de rois à vider sur la place publique ! Donc ils eurent peur, et firent descendre au plus vite au bout de la crypte les deux statues qu'on venait à peine de livrer à l'église. Bien que l'une d'elles, celle de la reine, soit aujourd'hui visible dans l'église haute, j'aime à croire que M. Viollet-Leduc n'a pas l'intention de l'y conserver. C'est une œuvre plate et lourde du sculpteur Petitot, sans grâce, sans jeunesse et sans beauté. Et puis ce n'est pas dans

ce costume décolleté que je voudrais voir Marie - Antoinette représentée ; le peuple ne connaît et n'aime que la Marie-Antoinette des tristes jours. La reine parfois légère de Versailles et des Trianons ne lui est point sympathique ; la martyre du Temple lui fera répandre des larmes : c'est celle-là qu'il faut nous donner.

65. Deux petits médaillons de marbre consacraient, dans la série des rois de la crypte, la mémoire du premier dauphin, fils de Louis XVI, mort le 4 juin 1789, un mois après l'ouverture des États généraux, et celle du deuxième dauphin, Louis XVII, roi dans la prison du Temple.

66. Un groupe immense, œuvre plus que médiocre des sculpteurs Dupaty et Cortot, élevé à la mémoire du duc de Rerry, assassiné en sortant de l'Opéra, le 13 février 1820. Ce bloc, colossal et énorme, était destiné à la chapelle expiatoire qu'on commença à élever sur l'emplacement du théâtre, fermé et détruit à la suite du crime. Le gouvernement de Juillet jeta par terre les travaux ébauchés et les remplaça par l'élégante fontaine qui s'y trouve encore aujourd'hui. Dans la crypte, on lisait devant le monument l'inscription suivante :

A la mémoire de Charles Ferdinand de France, duc de Berry.

67. Pour que la liste monarchique fût complète, on éleva aussi un monument au dernier roi mort, Louis XVIII, monument pitoyable, composé, comme les autres, de débris de marbres, de pierre et de statues, sur l'entassement desquels on plaça un buste en marbre du roi, lequel provenait des magasins de la liste civile et avait sans doute été destiné à orner la salle des mariages de quelque mairie ! Mais pourquoi, puisqu'on voulait faire de l'histoire à tout prix, n'avoir point élevé dans la crypte, à la suite du vieux roi Louis XVIII, de monuments à la mémoire de Napoléon Ier, de Napoléon II et de Charles X, morts tous trois hors de France ? Quand j'ai demandé au gardien la raison du silence du musée de pierre à l'endroit des trois souverains précités, ce brave homme m'a judicieusement répondu que la place avait manqué L'absence des trois princes à Saint-Denis a eu certes d'autres causes d'un ordre plus sérieux et plus élevé ; mais le gardien n'avait point tort non plus dans son petit

raisonnement ; car, en effet, le monument de Louis XVIII avait pris dans la crypte la dernière place disponible.

1 *Municipalité de Paris ; administration des biens nationaux ; bureaux d'agence générale.* (Extrait des registres du 6 juin 1791.)

L'administration prévient M. Lenoir que, par délibération du 3 de ce mois, le Comité l'a constitué garde général de tous les monuments des arts et effets précieux qui sont et seront déposés au couvent des Petits-Augustins de la reine Marguerite, et l'a autorisé en cette qualité à se faire aider, pour le placement, l'arrangement et la conservation des objets qui seront mis à sa disposition, de deux personnes à son choix, auxquelles le Comité accordera les appointements qu'il jugera convenables.

Signé : Les administrateurs FALLET, LARDIN, etc.

2 Le couvent des Petits-Augustins, pour les monuments de sculpture et les tableaux, et ceux des Capucins, des Grands Jésuites et des Cordeliers, pour les livres, les manuscrits, etc...

3 *Description historique et chronologique des monuments de sculpture réunis au Musée des monuments français,* par Alexandre LENOIR, fondateur et administrateur de ce musée ; 6e édition. Prix : 2 fr. 50 c. pour Paris, et pour les départements 3 fr. 80 c., franc de port ; *à Paris,* chez l'auteur, etc..., *an X de la République.*

La table des matières indique 27 morceaux de sculptures diverses antérieures aux premiers rois de France ; 555 autres morceaux relatifs à l'histoire nationale, depuis Dagobert jusqu'à Louis XVI, et 20 vitraux ayant appartenu à divers couvents et églises.

4 1 en mosaïque, 2 en métal. 64 en pierre, 89 en marbre, 11 en plâtre ou en terre cuite. *(Monographie de Saint-Denis,* page 107.)

5 Voyez aux appendices le discours prononcé à ce sujet par M. de Montalembert à la Chambre des pairs.

6 Je n'indiquerai pas à chaque emprunt que je ferai à M. de Guilhermy le titre de son curieux livre. Je me borne à dire, une fois pour toutes, que cette partie de mon travail lui est redevable de ses meilleurs renseignements.

7 La mort du petit roi Jean a été mise en doute, comme celle de tous les princes morts en bas âge dans des circonstances exceptionnelles. Certains historiens ont raconté que Philippe le Long l'avait fait conduire et élever secrètement en Italie, sous le nom de Gianni Guccio. On possède même une lettre authentique de Louis de Hongrie, où il déclare qu'il s'est assuré de l'existence du fils de sa tante, et où il prie tous les rois, princes et prélats, de reconnaître le seigneur Jean, dit Guccio, élevé à Sienne, « comme fils du seigneur Louis X. » M. Monmerqué a publié, en 1844, une curieuse dissertation sur ce bizarre incident.

8 On y voit, entre autres choses, sainte Geneviève, un cierge allumé à la main ; un diable, qui a un corps d'homme et des pattes de singe, avec une figure de lion et des ailes de chauve-souris, cherche à éteindre, avec un soufflet, le cierge de la sainte, qu'un ange voisin est prêt à rallumer.

9 A la Fère, le 28 septembre 1538.

APPENDICES

I

Trois épitaphes royales.

J'AI trouvé au musée de Cluny trois épitaphes provenant des tombes violées de Saint-Denis. Elles sont indiquées comme suit au catalogue (2e supplément) du musée :

3659. — Inscription tumulaire arrachée, en 1793, au cercueil de Louis XIV :

> *Ici est le corps de Louis 14 par la grâce de Dieu Roy DE France et de Navarre, très-chrétien, décédé ell son chasteau de Versailles le premier jour de septembre 1715. Requiescat in pace.*

Cette inscription, gravée sur cuivre et surmontée de l'écusson aux armes de France et de Navarre, entourée du collier de Saint-Michel etdu grand cordon du Saint-Esprit, était appliquée sur le couvercle du cercueil du roi, à Saint-Denis. En 1793, lors de violation des tombeaux, cette plaque fut arrachée, ainsi que toutes celles des sépultures royales, et ce n'est que dans ces dernières années qu'elle a pu être retrouvée, en même temps que celle de la princesse Marie-Adélaïde, duchesse de Bourgogne, mère du roi Louis XV, et celle de la princesse Louise-Élisabeth de France, sa fille. M. Debret, l'ancien architecte de la basilique de Saint-Denis, les a découvertes dans la boutique d'un chaudronnier de cette ville ; elles avaient été réunies ensemble et formaient une casserole de cuisine, dont les rivets ont laissé leurs traces encore apparentes.

3660. — Inscription gravée sur cuivre aux armes du dauphin de France et de Savoie, arrachée au cercueil de Marie-Adélaïde de Savoie, fille de Victor-Amédée Ier, *roi* de Sardaigne, mère de Louis XV, épouse de Louis, duc de Bourgogne, fils aîné du dauphin et de Marie-Anne-Christine de Bavière, petit-fils de Louis XIV :

Icy est le corps de très-haute, très-puissante et vertueuse princesse Marie-Adélaïde de Savoye, épouse de très-haut, très-puissant et excellent prince Louis, Dauphin, décédée au chasteau de Versailles le 23 février 1712 née en 1685. Requiescat inpace.

Le mari de cette princesse était mort six jours avant elle, le 18 février 1712, enlevés tous deux, dit le catalogue, par une rougeole épidémique.

3661. — Inscription gravée sur le cuivre, et arrachée au cercueil de la fille aînée de Louis XV :

Ici est le corps de très-haute et très-puissante princesse Louise-Elisabeth de France, fille aînée du roy, mariée à don Philippe, Infant d'Espagne, duc de Parme, Plaisance et Guastalla, décédée ait chasteau de Versailles le six décembre 1759, âgée de trente-deux ans, trois mois et vingt-deux jours. Requiescat in pacc.

II

Le caveau royal des Bourbons

Placé au centre même de la crypte, ce caveau a dû être diminué de plus de moitié pour faire place au caveau impérial. C'est l'endroit le plus sombre et le plus impressionnant de la crypte ; il ne reçoit de jour que le peu que lui donne la crypte même, déjà si obscure, et l'œil ne pénètre dans cette lugubre enceinte qu'au travers d'une lucarne grillée, et seulement au moyen d'un flambeau qui ne l'éclairé jamais qu'imparfaitement. C'est dans ce lieu isolé, dont la porte est murée, et d'où s'exhale une odeur fétide de pourriture cadavérique, que reposent les princes et princesses dont les noms suivent :

Louis XVI et Marie-Antoinette, ou du moins les quelques restes, d'une authenticité douteuse, retrouvés, en 1815, au cimetière de la Madeleine. On a gravé sur le cercueil du roi :

Là est le corps de très-haut, très-puissant et très-excellent prince Louis seizième du nom, par la grâce de Dieu roi de France et de Navarre.

On lit sur le cercueil de la reine :

Ici est le corps de très-haute, très-puissante et très-excellente princesse Marie-Antoinette-Joséphine-Jeanne de Lorraine, archiduchesse d'Autriche, épouse de très-haut, très-puissant et très-excellent prince Louis XVI, par la grâce de Dieu roi de France et de Navarre.

Le cercueil de Louis XVIII, qui attendait depuis 1824, dans la salle des cérémonies, à l'entrée du long couloir conduisant au caveau, et aujourd'hui supprimée, que l'arrivée de son successeur, Charles X, lui permît d'aller prendre sa place dans le caveau où il se trouve aujourd'hui. On voit, sous le tréteau qui supporte son cercueil, un seau de cuivre où sont renfermées ses entrailles.

Les cercueils des filles de Louis XV : madame Adélaïde de France, née en 1732, et madame Louise-Thérèse-Victoire de France, née en 1733, mortes : la première en 1799, et la seconde en 1800, à Trieste. Louis XVIII avait fait rapporter leurs restes à Saint-Denis en 1817.

Le duc de Berry, assassiné le 13 février 1820, en sortant de l'Opéra.

Deux petites princesses, ses enfants, mortes au berceau.

Le cercueil contenant les restes du roi Louis VII.

Un autre, où est enfermé le corps de Louise de Lorraine, comtesse de Vaudemont, femme du roi Henri III, morte en 1601, à 47 ans, et dont le cercueil, enseveli dans l'église des Capucins, place Vendôme, avait échappé aux profanations de 1793.

Deux princes de la maison de Condé, qui avaient autrefois un caveau spécial où brûlait perpétuellement une petite lampe funéraire, ont été encore placés, lors des derniers travaux, dans le caveau royal des Bourbons.

Le prince Louis-Joseph de Bourbon, prince de Condé, colonel de l'infanterie et grand maître de la maison du roi, mort à Chantilly le 13 mai 1818, à 82 ans.

Son fils, Louis-Henri-Joseph de Bourbon, prince de Condé, père du malheureux duc d'Enghien, mort à 74 ans, le 27 août 1830, au château de Saint-Leu, — suicidé ou assassiné dans de si mystérieuses et impénétrables circonstances.

Le tombeau de ces deux princes est de marbre noir uni, avec inscriptions et épitaphes.

Au fond du caveau est une petite armoire de pierre où sont renfermés, dans des boîtes de plomb et de vermeil, des fragments plus ou moins authentiques des corps de Henri IV, de Louis XIV et de Marie de Médicis ; deux cœurs, qu'on suppose être ceux de Louis XIII et de Louis XIV, et enfin le cœur de Louis XVIII.

Les cercueils sont placés sur des tréteaux en fer, le long desquels descend — ou mieux descendait — le velours à franges qui les recouvrait. Mais aujourd'hui le velours est pourri, les cercueils sont à nu, les bois se disjoignent et tombent en morceaux de tous côtés, rongés par l'humidité de ce lieu sinistre et clos de toutes parts. En effet, la famille des Bourbons, consultée, a désiré, et cela assez récemment, que son caveau fût fermé et rendu impénétrable. On a obéi à ce désir, et je trouve qu'on a eu tort. On eût bien mieux montré le respect dû à ces morts royaux en nettoyant de temps à autre le caveau où leurs cendres reposent, et en renouvelant, chaque fois qu'il eût été nécessaire, le velours en loques qui ne cache plus du tout aujourd'hui leurs cercueils. Dans quelques années, l'humidité, la rouille et les ravages du temps auront pourri tout à fait la frêle enveloppe des cercueils, qui s'ouvriront alors d'eux-mêmes et livreront ainsi aux injures rapides de ce funèbre lieu les cendres illustres qu'ils contiennent.

III

Le caveau impérial

J'emprunte au curieux et intéressant volume de M. le chanoine Jaquemet (*L'Église de Saint-Denis, sa crypte et ses tombeaux, etc....*) la description du caveau impérial [1] :

« On vient de terminer un magnifique caveau destiné à recevoir les restes de l'empereur Napoléon 1er et de sa dynastie. Son ouverture, fermée aujourd'hui par d'énormes dalles encadrées dans des baguettes de cuivre, est placée vers le centre du transept ; le caveau s'étend jusqu'au delà du grand autel, derrière lequel sont ménagées deux ouvertures qui permettent à l'œil de pénétrer, au moyen d'une lampe, dans son intérieur.

On y descend par un escalier de quatorze marches, au bas duquel un vestibule, d'une longueur de quatre mètres et demi environ, large d'un mètre soixante-quinze centimètres, conduit jusqu'à la crypte impériale. Celle-ci se compose de quatre parties, pour la désignation desquelles nous empruntons les dénominations employées dans la description de nos églises. Elle a, en effet, sa nef, ses deux bas-côtés et son abside ou rond-point.

La partie centrale, que nous désignons par le nom, ici un peu ambitieux, de *nef,* ayant de largeur deux mètres trente centimètres sur une élévation un peu moindre (soit deux mètres vingt centimètres du sol à la voûte, est séparée des bas-côtés par une ligne de piliers en pierre, de forme carrée, sauf les deux premiers, au nombre de trois de chaque côté, sans compter les quatre piliers engagés dans le mur, qui s'y lient et qui terminent la ligne à chaque extrémité.

Les bas-côtés ont de largeur vingt-cinq centimètres de plus que la partie centrale, soit deux mètres cinquante-cinq centimètres. Leur longueur est de neuf mètres cinquante centimètres, qui est aussi celle de la nef depuis la fin du vestibule jusqu'à la partie qui termine la crypte à l'autre extrémité, et qui y forme un rond-point d'une profondeur d'un mètre environ, où l'on monte par une marche. Une console en garnit le fond, destinée, parait-il, à recevoir le cercueil du chef de la dynastie, tandis que les bas-côtés se garniront successivement des sarcophages de ses successeurs et des membres de la famille qui auront droit à reposer là, à mesure que Dieu les appellera à entrer dans leur éternité [2]. »

IV

Exhumation, faite en 1817, *des restes enfouis en* 1793 *dans le cimetière des Valois*

Le roi Louis XVIII décida, par ordonnance du 24 avril 1816, que des recherches seraient faites dans le cimetière dit *des Valois,* autour de l'église de Saint-Denis, afin d'y retrouver les restes de ses ancêtres qui auraient pu échapper à l'action dévorante du lit de chaux dans lequel on les avait enfouis en octobre 1793. La même ordonnance décidait encore que les restes recueillis seraient réintégrés solennellement dans l'église royale de Saint Denis.

En vertu de cette ordonnance, le chancelier de France, président de la Chambre des pairs, Charles-Henri Dambray, chargé de son exécution, procéda d'abord, les 8 et 13 janvier 1817, à une information ayant pour but « de constater d'une manière authentique le lieu où se trouvent réunies les dépouilles mortelles des rois, reines, princes et princesses de la maison de France et autres personnes dont les corps ont été enlevés des caveaux de l'église de Saint-Denis lors de la violation des sépultures royales, dans les journées des 12 octobre et jours suivants jusqu'au 25 du même mois de l'an 1793 et dans la journée du 18 janvier 1794. »

Le chancelier entendit successivement sept personnes qui avaient été témoins des profanations de 1793 ou qui possédaient, sur l'extraction des cercueils, des documents de nature à éclairer la Commission royale sur l'emplacement des fosses où avaient été jetés les corps trouvés dans lesdits cercueils.

De ces dépositions, toutes contenues au *Moniteur* du temps, une seule est vraiment intéressante. C'est celle du sieur François-Joseph Scellier, sculpteur marbrier, lequel, après serment de ne dire que la vérité, a déclaré ce qui suit :

> Au mois d'octobre 1793, le déclarant, chargé par la commission des monuments de faire enlever, pour leur conservation, les monuments qui se trouvaient dans l'église royale de Saint-Denis, a vu successivement enlever des caveaux et du sol de cette église les cercueils de plomb contenant la dépouille mortelle des rois, reines, princes et princesses et autres personnages dont on a violé les sépultures. Il a vu chaque jour transporter dans le cimetière situé au nord de l'église et à l'extrémité duquel avait existé le tombeau des Valois, les corps et ossements renfermés dans les cercueils. Ces corps, dépouillés des mêmes cercueils, ont été réunis dans deux fosses communes, dont la première, dite *des Bourbons,* a été ouverte le 12 et fermée le 16 octobre ; la seconde, dite *fosse des Valois,* a été ouverte le 17 et fermée le 25 du même mois. C'est en s'aidant des notes qu'il a conservées que le déclarant se trouve en état de fixer la date précise de ces faits. Il ajoute, d'après les mêmes notes, que soixante-deux corps furent réunis dans la première fosse, soixante-trois dans la seconde, et que le premier corps déposé dans la fosse des Bourbons fut celui d'Henri IV, lequel était parfaitement conservé. Les deux fosses, de grandeur égale et formant chacune un carré d'environ seize pieds, furent creusées à neuf ou dix pieds de profondeur. Pour indiquer avec exactitude leur situation, le déclarant nous a représenté un plan dressé par lui à cette époque, et sur lequel l'emplacement de la fosse des Bourbons se trouve marqué à soixante-quatre pieds à compter du mur latéral de l'église jusqu'au centre de la fosse, en prenant pour point de départ le milieu de la distance qui sépare les deux piliers battants qu'on rencontre les premiers à droite en sortant de l'église par la porte du nord. L'emplacement de la seconde fosse est indiqué, sur le même plan, à cinquante-huit pieds du même mur, en prenant pour point de départ le quatrième angle saillant qui se trouve à gauche, en sortant, dans l'embrasement extérieur de ladite porte. Sur la demande que nous avons faite au déclarant de nous laisser le plan dont il s'agit pour être annexé à la présente information, et servir de renseignement lors de la fouille qui doit être faite en exécution des ordres du roi pour recouvrer les corps déposés dans les fosses dont il s'agit, il y a consenti avec empressement et a paraphé avec nous ledit plan.

Après ces informations, le 13 janvier dans la matinée les fouilles furent commencées, à Saint-Denis, dans le cimetière des Valois, en présence du chancelier et d'une dizaine d'autres personnages nommés à cet effet par le roi, et dont les noms se retrouvent dans le compte rendu de la cérémonie de réintégration à Saint-Denis, par Alex. Lenoir, que je donne ci-après.

Je laisse ici la parole au procès-verbal rédigé par le chancelier :

« 13 *janvier* 1817.

Deux fouilles profondes avaient été dirigées, avant notre arrivée, au sud et en avant des deux fosses communes désignées par notre information du 8 de ce mois ci-dessus mentionnée ; elles avaient été conduites vers les points indiqués sur le plan comme centres desdites fosses, et à une profondeur estimée suffisante pour atteindre le double dépôt des corps qu'elles renferment. Les fouilles ont été continuées en notre présence sans autre résultat que la découverte de quelques ossements épars, lesquels ne peuvent appartenir à l'un ni à l'autre dépôt. Nous avons cependant interrogé différentes personnes qui nous ont été indiquées par M. le maire de Saint-Denis comme ayant été témoins oculaires, tant de l'ouverture des fosses que du transport qui y a été fait des corps arrachés à leurs sépultures, et, plusieurs de ces témoins s'étant accordés à penser que les deux fosses étaient plus rapprochées l'une de l'autre que ne le suppose l'état actuel des travaux, il a été jugé nécessaire d'ouvrir sur-le-champ une tranchée transversale qui les joignit, et dont la prolongation conduisît nécessairement à la découverte des corps. Des ouvriers ont été de suite appliqués à ce travail et ont commencé à enlever les terres dans une profondeur d'environ 8 pieds et dans une direction qui joint les deux points indiqués pour centres de l'une et de l'autre fosse. »

« 18 *janvier.*

Les travaux ont été commencés à sept heures du matin et ont été dirigés principalement sur deux points en se portant sur les deux lignes indiquées primitivement par la déclaration du sieur Scellier, toutefois en se rapprochant beaucoup de l'église. Vers onze heures, on a commencé à découvrir sur chacune des deux lignes un amas considérable d'ossements mêlés dans la terre. Nous avons alors fait cerner ces masses des quatre côtés de manière à les isoler du surplus du terrain, nous proposant de faire ensuite retirer les terres horizontalement et avec précaution pour reconnaître s'il existait des corps entiers et pouvoir les relever séparément. La journée a été employée à ce travail, qui a été continué de nuit.

A neuf heures et demie du soir, le terrain fouillé présentait une étendue de 70 pieds sur 50 entièrement creusée et vidée de 9 à 10 pieds de profondeur, sauf les deux places des deux fosses, sur chacune desquelles s'élevait une masse d'ossements et de terre d'environ 9 pieds en carré sur 5 à 6 pieds de hauteur. Ces masses étaient isolées, si ce n'est que celle de droite, qui, d'après tous les renseignements, renfermait les corps de la famille des Bourbons, avait le côté gauche appuyé dans sa moitié sur un fort pilier de maçonnerie, reste des fondations de l'ancienne chapelle des Valois, circonstance parfaitement conforme à tous les témoignages reçus.

Nous avons de suite fait procéder aux exhumations, en commençant par la fosse à gauche, désignée dans les enquêtes pour être celle des Valois. Nous avons bientôt reconnu que les ossements, qui étaient tous en état de dessiccation, y avaient été mis sans ordre, et qu'il était impossible d'y rien trouver entier.

Malgré les précautions que nous avons fait prendre pour relever les terres et les ossements de la fosse où reposaient les corps des Bourbons, nous n'y avons non plus rien trouvé d'entier et dans l'ordre naturel, si ce n'est les portions inférieures de trois corps gisant dans leur position naturelle, en état complet de dessiccation, comme tous les autres ossements, mais sans adhérence au surplus du corps, dont elles avaient été séparées par l'affaissement des terres. N'ayant pu, ainsi que nous en avions le désir et quelque espérance, reconnaître particulièrement aucuns de ces restes précieux, nous les avons réunis ensemble, mais conservant toujours séparément ceux de chaque fosse.

Nous sommes ainsi arrivés jusqu'au fond des fosses, où, ayant trouvé le terrain solide, et les fouilles ne donnant plus aucun ossement, nous avons jugé que l'objet de nos recherches était accompli, et nous avons fait cesser tous travaux un peu avant minuit. De suite, et pour conserver honorablement ces dépouilles mortelles de nos princes en attendant leur inhumation, il a été établi sur-le-champ, dans la chambre qui avait jusqu'alors servi à la surveillance des travaux, une chapelle ardente destinée au dépôt provisoire. Nous avons fait ranger les ossements dans plusieurs cercueils, distinguant toujours ceux des deux familles. Ces cercueils, recouverts de draps mortuaires, ont été, au milieu du silence religieux des assistants, portés successivement, par quatre gardes du corps, dans la chapelle ardente. L'un des chanoines du chapitre royal de Saint-Denis est venu à chaque fois recevoir les cercueils, qui ont été déposés dans ladite chapelle, où sont restés deux gardes du corps avec le chanoine de la collégiale. »

V

Rétablissement des sépultures royales à Saint-Denis, en 1817

Mon jeune confrère et ami Henri Houssaye [3] me communique un exemplaire de *l'Histoire des arts en France prouvée par les monuments,* offert, en 1823, à son grand-père par Alex. Lenoir, qui l'avait publiée en 1810. Ce volume renferme le catalogue du musée des monuments français. Le procès-verbal manuscrit des profanations de 1793 est ajouté audit volume, et il a été annoté de la main même de M. Lenoir [4], qui l'a fait suivre du récit du rétablissement des sépultures royales à Saint-Denis en 1817.

Je donne textuellement une partie de ce récit :

« Le roi Louis XVIII, par ordonnance du 24 avril 1816, voulut que les ossements des rois, des reines, des princes et des princesses retirés de leurs sépultures en 1793, fussent réintégrés solennellement à la tombe royale. M. Heim a été chargé de peindre cette cérémonie, à la fois auguste et touchante, pour orner la sacristie de l'église royale de Saint-Denis. J'en vais rendre compte comme commissaire nommé par le roi et comme témoin oculaire.

Ce transport dans l'église des illustres dépouilles de nos rois s'est fait par une compagnie de messieurs les gardes du corps du roi. Messieurs les chanoines et tout le clergé de Saint-Denis étaient en tête, — en présence de monsieur le chancelier de France, de M. le marquis de Dreux-Brézé, grand maître des cérémonies ; de M. le marquis de Pradel, grand maître de la maison du roi ; de M. de Cauchy, secrétaire de la chancellerie de France ; de M M. de la Porte, Lalanne et Blaire, conseillers d'État ; de M. Sallier, de M. le comte de Pastoret, maître des requêtes ; de MM. le chevalier Alexandre Lenoir, administrateur des monuments de l'église de Saint-Denis, et Scellier, tous commissaires du roi à l'exhumation, nommés par ordonnance spéciale.

Ainsi, nous l'avons vu, au milieu des troubles politiques qui de siècle en siècle ravagent les États, une main divine s'étend sur la poudre des tombeaux et la préserve des insultes des impies. C'est ainsi que les reliques des saints martyrs et les cendres de Dagobert furent préservées plus d'une fois du feu et du pillage. C'est ainsi que les ossements des enfants de Charlemagne, de saint Louis et de ses illustres descendants furent religieusement restitués à la tombe royale après vingt-quatre ans d'oubli et d'abandon.

Cette translation mémorable offrait un beau et grand spectacle au monde ; elle donnait à penser à l'observateur : il était nuit ; la lune éclairait les tours ; les flambeaux que portaient les assistants reflétaient les murs de l'édifice. Quel spectacle ! Les dépouilles des rois, des reines et des princes de la plus ancienne monarchie recherchées avec un pieux recueillement, avec un saint respect, dans des fosses que leur creusèrent, pour les y confondre, des bras impies, dans des jours malheureux !.. Les ossements des Valois et des Bourbons, retrouvés pêle mêle hors des murs de l'église, et rentrant, après un long exil, dans leur antique sépulture !

Toute la France, réunie à son roi dans la même pensée, dans les mêmes sentiments ; une reine deux fois exhumée Louise de Lorraine, femme de Henri III) ; un roi (Louis VII) venant pour la première fois prendre place dans le souterrain de ces princes anéantis, où les rangs ne sont plus si pressés et que le crime fut plus prompt à disperser que la mort n'avait été à les remplir ; deux augustes princesses, Mesdames de France (Adélaïde et Victoire), mortes à Trieste, arrivant enfin dans le sanctuaire funèbre où depuis plus de quinze ans auraient dû reposer leurs cendres ; un chapitre royal fondé, installé pour prier tous les jours près des tombes royales ; le second anniversaire du transport des restes du roi martyr et de la fille des Césars, qui, après avoir partagé son trône et son échafaud, partage les regrets et le deuil de la France, tels sont les souvenirs que ce grand spectacle a fait naître à la pensée de tout homme qui en a été le témoin.

Signé : Le chevalier ALEXANDRE LENOIR,
*Administrateur des monuments de l'église royale
de Saint-Denis, etc., etc.* »

C'est dans l'ancien caveau de Turenne que furent inhumés les cercueils contenant les restes découverts.

On déposa dans un petit caveau à gauche les cercueils renfermant les ossements retirés de la première fosse, et antérieurs aux Bourbons. Une table de marbre, où furent inscrits les noms de tous les princes et princesses qui avaient été jetés dans cette fosse, recouvrit le caveau. Le *Moniteur* du 3 février 1817 donne tout au long cette liste historique, qui a été rédigée par M. Alex. Lenoir, et dont voici le résumé :

ICI REPOSENT LES DÉPOUILLES MORTELLES de 18 rois, depuis Dagobert jusqu'à Henri **III** ; 10 reines, de Nantilde, femme de Dagobert, à Marguerite de Valois, première femme de Henri IV ; 24 dauphins, princes et princesses, enfants et petits-enfants de France ; **11** personnages divers (Hugues le Grand, 4 abbés de Saint-Denis, 3 chambellans, 2 connétables et Sédille de Sainte-Croix, femme du conseiller Jean Pastourelle).

ARRACHÉES A LEURS SÉPULTURES VIOLÉES LES 17, 18Y 19, 20, 21, 22, 23, 24 OCTOBRE 1793 ET 18 JANVIER 1794 [5], RENDUES A LEURS TOMBEAUX LE 19 JANVIER 18 1 7.

A droite, on plaça les cercueils où étaient renfermés les restes des princes et princesses de la famille de Bourbon, et quelques autres, dont la deuxième plaque de marbre donne la liste, que je résume également :

Ici REPOSENT LES DÉPOUILLES MORTELLES de 7 rois, de Charles V à Louis XV ; 7 reines, de Jeanne de Bourbon, femme de Charles V, jusqu'à Marie Leczinska, femme de Louis XV ; des dauphins, dauphines, princes et princesses, enfants et petits-enfants de France, au nombre de 47, depuis le deuxième fils de Henri IV, jusqu'au dauphin, fils aîné de Louis XVI.

ARRACHÉES A LEURS SÉPULTURES VIOLÉES les 12, 14, 15 ET 16 OCTOBRE 1793, RENDUES A LEURS TOMBEAUX LE 19 JANVIER 1817.

Un peu plus loin on a édifié une chapelle expiatoire, au-dessous de la chapelle de la Vierge de l'église haute, et dont l'autel, de marbre blanc, fait face à l'ouverture par laquelle furent entraînés les cercueils des Bourbons en 1793. Contre les murailles de ce sombre et étroit réduit sont placées quatre tables de marbre noir, deux à gauche, deux à droite, sur lesquelles sont gravés les noms de tous les princes et personnages illustres qui ont été inhumés dans la royale abbaye.

VI

La moustache de Henri IV

On a lu plus haut, page 99, que, lors de l'extraction du corps de Henri IV, trouvé en état de parfaite conservation, un soldat zélé et fanatique arracha un fragment de la barbe du bon roi et l'emporta avec lui comme un talisman ou comme un trophée [6]. C'est ainsi du moins que le procès-verbal des exhumations raconte la chose.

Or, le *Journal de Paris* du lundi 29 août 1814 rapportait que « M. le chevalier Dubos, sous-préfet de Saint-Denis, avait eu l'honneur de présenter au roi un tableau sur lequel sont fixées deux dents de Henri IV, sa moustache et une manche presque entière de la chemise avec laquelle il avait été enseveli. Ces précieux restes avaient été recueillis, à l'époque de la profanation des tombeaux, par feu le sieur Desingy, alors suisse de l'abbaye, qui les a sauvés aux risques de sa vie ; ils étaient restés jusqu'à présent entre les mains de sa veuve, qui aspirait depuis longtemps à les rendre à la famille à nos souverains. »

Quarante-huit ans après, le 25 décembre 1866, M. Jules Claretie racontait dans *le Figaro,* à propos de la découverte et de la réintégration de la tête de Richelieu à la Sorbonne, que la moustache arrachée à Henri IV par le soldat qui figure dans le procès-verbal précité se trouvait « conservée en ce moment, fin 1866, chez un bon bourgeois de Montmartre. »

En réponse à cette assertion, le jeune journaliste reçut la lettre suivante :

« Charlieu (Loire), 27 décembre 1866.

Monsieur,

Je vois, en lisant dans mon journal votre chronique d'avant-hier, qu'un bourgeois de Montmartre conserve sous verre la partie gauche de la moustache de Henri IV.

En est-il bien certain ? cela ne fait pas doute ; mais ces précieux débris ont-ils bien appartenu à l'inventeur de la poule au pot ?

Je viens du fond de la province, d'un trou, vous apporter une histoire vraie à cet égard. Seulement, si elle devait troubler la quiétude du bourgeois de Montmartre, n'en parlons pas.

A l'époque où les sépultures royales de Saint-Denis furent brisées, et tout à fait au retour de l'équipée, une espèce de géant à tournure farouche entra à Saint-Denis même, avec quelques-uns de ses camarades, chez un marchand de vins, où ils firent un repas à la fin duquel le colosse sortit de sa poche un papier qu'il tendit à une jeune personne de la maison en lui disant : « Tiens, citoyenne, j'ai coupé les moustaches au tyran Henri IV, je t'en fais cadeau. »

La jeune fille accepta avec plus de crainte que de plaisir, mais conserva cependant les moustaches.

Vingt-cinq ou trente ans après, cette femme avait pour voisin un négociant de notre ville, lequel avait son centre d'affaires, son magasin, presque en face de l'établissement des demoiselles des légionnaires, à Saint-Denis.

Il y a vingt-quatre ans j'ai encore vu son enseigne, et je trouverais sa maison si Saint-Denis n'a pas été éclairci comme Paris.

Ce négociant avait, comme bien d'autres, la manie des vieilles choses.

Un jour qu'il montrait avec beaucoup d'intérêt je ne sais quelle vieille défroque, la femme aux moustaches lui raconta le don qui lui avait été fait et lui offrit de s'en dessaisir à son profit. Il accepta de grand cœur, mais la difficulté était de retrouver cela.

Pendant des années, toutes les fois que l'occasion s'en présenta, il demanda toujours à cette femme la remise des précieuses moustaches.

Mais elles sont perdues ! » disait-il.

« Cette dame lui répondit que, lors de son dernier déménagement, elle était sûre de les avoir vues enveloppées dans le même papier, qui n'avait jamais été ouvert.

Je consacrerai une journée entière à cette recherche, et je les retrouverai ! »

« Ce monsieur vint passer quelques jours ici, à Charlieu, dans sa famille. Pendant son absence, cette femme mourut. Son mobilier fut vendu.

A son retour, notre compatriote s'empressa de faire des démarches pour connaître le sort des précieuses moustaches. Il apprit que dans un meuble rempli de linge on avait trouvé, sur le plus haut rayon, derrière une pile de draps, un vieux papier dans lequel étaient effectivement des moustaches ou de la barbe. Mais on ajouta que sur l'observation du commissaire, que *c'était certainement un souvenir de jeunesse conservé par la défunte* [7], les héritiers, par respect pour sa mémoire, jetèrent au feu le papier et les moustaches qu'il contenait.

Celui qui m'a donné ces détails est mort depuis quatre ou cinq ans ; ses héritiers habitent Paris, dans une rue de la rive gauche. Il a dû leur faire part de ces détails ; moi-même je les racontais dans une réunion, il y a environ quatre mois. S'ils sont vrais, les moustaches qui sont sous verre à Montmartre ne seraient guère authentiques ; mais si leur possesseur les tient pour officielles, elles lui feront le même usage. »

Quelque jours après, une épître nouvelle est adressées à M. Jules Claretie par un sculpteur d'Issy, qui aurait bien dû signer sa lettre. Il prétend que la moustache de Henri IV n'a pas été enlevée lors de l'ouverture des tombeaux, et que, quoi qu'on en ait dit, personne n'a touché au corps du roi. Cette dernière assertion, contredite par le procès-verbal d'exhumation, par les rapports des témoins oculaires les plus autorisés et les plus dignes de foi, aussi bien que par le nouveau procès-verbal d'exhumation des restes royaux en 1817, n'a à nos yeux aucune sorte de valeur :

« Souvent j'ai entendu parler de la violation des tombeaux des rois à Saint-Denis.

A cette époque, un officier municipal fut envoyé par la commune de Paris pour extraire les rois des caveaux et les jeter dans un trou à chaux. Cet officier, nommé Compérot, était bon sculpteur et savait très-bien mouler.

En ouvrant le cercueil d'Henri IV, on trouva son corps si bien conservé qu'on fit un moulage de sa tête. Ce moulage, très-bien fait, très-ressemblant, fut le type de toutes les épreuves qui se vendirent depuis chez tous les mouleurs. Le masque de Henri IV, moulé sur nature, se trouvait chez eux vers 1834, et il doit encore en exister dans Paris.

Après ce moulage, Henri IV, que le peuple avait réclamé et *au corps duquel personne n'eût osé toucher,* fut enterré *respectueusement* en pleine terre dans un coin du cimetière de Saint-Denis.

Les autres rois furent mis dans un trou plein de chaux vive. Le fils de cet officier, Compérot, sculpteur de talent, a été employé aux travaux de sculpture du nouveau Louvre. Le jour de l'inauguration, l'Empereur lui a remis une médaille d'or. Depuis, ses camarades sculpteurs se sont cotisés pour le faire entrer, avec sa femme, aux Petits-Ménages, où il se porte très-bien malgré ses quatre-vingts ans.

Enfant, il assistait à l'ouverture des sépulcres, et je tiens de lui ces détails. P... R...

Sculpteur à Issy. »

Enfin, une dernière lettre, adressée au même journal, vient encore compliquer la question :

« Voulez-vous savoir, monsieur, où se trouve *une partie* de la fameuse moustache du bon Henri, et, certes, la plus authentique ; Allez à Chantilly, et dans un petit salon au rez-de-chaussée du vieux château de la maison de Condé, vous trouverez un buste du Vert-Galant (je devrais me contenter de dire *la tête*) posé sur un petit socle.

Le tout est en cire jaune rendu verdâtre par le temps.

Ce buste remarquable a été obtenu par un coulé dans une empreinte qui avait été prise sur la figure même du roi *quelques instants après sa mort*, et, par suite de la négligence dans le graissage de la barbe et de la moustache, l'opérateur en avait arraché *la plus grande partie*.

Aussi retrouve-t-on, sur le masque exposé sous verre à Chantilly, tout ce qui a été enlevé non-seulement de la moustache, mais encore de la barbe grise du capitaine Henriot.

Je pense que ce buste est toujours à Chantilly. Quant à moi, j'ai constaté ce que j'ai l'honneur de vous indiquer en visitant le château en 1851.

UN DE VOS ABONNÉS. »

Il résulte de tout ce qui précède qu'il en est de la moustache de Henri IV comme de la plume de l'abdication de Fontainebleau, qu'on voit en beaucoup de musées différents, ou comme de la canne de Voltaire, que tous les amateurs de « bibelots » prétendent posséder. « Mais, comme dit le spirituel correspondant de Charlieu, si leurs possesseurs les tiennent comme officielles, elles leur font le même usage. »

VII

Discours de M. de Montalembert à la chambre des pairs au sujet de la restauration de Saint-Denis

Le lundi 27 juillet 1847, à propos de la discussion générale du budget, M. le comte de Montalembert prit la parole à la Chambre des pairs, et critiqua en ces termes les travaux de restauration de l'église royale de Saint-Denis :

PRÉSIDENCE DE M. LE CHANCELIER PASQUIER.

« *M. le comte de Montalembert*. — Je commence par un exemple bien frappant et que chacun peut vérifier des abus que je signale, c'est l'église de Saint-Denis. Quand vous sortez de Paris du côté nord, vous ne reconnaissez plus cette ancienne église qui était l'ornement et l'honneur des environs de Paris. On y voit avec surprise une tour et une façade démolies. Savez-vous à quel prix on a obtenu ces résultats ? Au prix de sept millions !

Oui, messieurs, la ruine de la façade de l'église de Saint-Denis, le déshonneur de cette église qui est devenue la risée des artistes et des voyageurs, a coûté jusqu'à présent sept millions, et je ne sais pas ce qu'elle coûtera dans l'avenir.

Elle a été victime d'une double restauration, ou de ce que j'appellerai une double dégradation : la dégradation extérieure et la dégradation intérieure. Pour la dégradation extérieure, l'histoire en serait longue, je n'en dirai qu'un mot. Elle a commencé par la foudre. La foudre a frappé la flèche de l'église en 1837. Au lieu d'y faire une réparation prompte et modeste, on a décidé qu'il fallait abattre et rebâtir la flèche.

La flèche une fois rebâtie, qu'est-il arrivé ? L'ancienne tour, condamnée à soutenir la nouvelle, s'est d'abord lézardée, grâce au poids de cette flèche moderne, construite sans précaution et en matériaux beaucoup plus lourds que l'ancienne ; elle a menacé de plus en plus, et on vient de la mettre à terre. Ainsi donc on a démoli successivement l'ancienne flèche, puis la nouvelle, puis la tour elle-même, et, par suite, démoli toute la façade, compromise par tant de travaux malfaisants..... Veuillez donc remarquer ceci : Jusqu'à présent on avait vu des églises qui s'écroulaient par vétusté et par abandon ; mais des églises qui s'écroulaient par suite même des travaux et par les réparations qui y sont faites, c'est un phénomène nouveau qui était réservé à notre temps et à la gloire de nos architectes officiels.

Avant d'abandonner la dégradation extérieure du monument, je devrais signaler la masse des sculptures apocryphes et ridicules dont on avait surchargé la façade ; mais je me hâte de passer à la dégradation intérieure.

Or, grâce aux restaurateurs, l'intérieur de l'église de Saint-Denis n'offre plus qu'un effroyable gâchis de monuments, de débris de tous les temps, de tous les genres, confondus dans un désordre sans nom ; ce n'est plus qu'un véritable musée de bric à brac où fourmillent des anachronismes innombrables, signalés depuis longtemps sans avoir jamais été démentis. Il y a surtout une collection de tombeaux apocryphes dignes de toute votre attention.

L'architecte ayant décidé qu'on rétablirait les tombeaux des anciens rois enlevés à Saint-Denis semble avoir pris pour guide ce principe : Tel roi a été enterré à Saint-Denis, faisons-lui un tombeau n'importe comment ; on a donc été chercher dans nos dépôts d'antiquités nationales, aux Petits-Augustins et ailleurs, des statues, des bas-reliefs, des fragments tels quels ; on les y a transportés et on a dit : « Telle sta«tue d'homme sera celle de tel ou tel roi, et telle sta«tue de femme représentera telle ou telle reine ! » On les a ainsi arrangés en un musée complet d'apocryphes et d'anachronismes, et on les a exposés à la curiosité des visiteurs et à la risée des connaisseurs. Ainsi, pour vous en citer quelques exemples, si je suis bien informé, la tombe ancienne de Valentine de Milan comprenait quatre statues ; on les a séparées et on en a fait trois monuments divers. Le dernier roi qui ait eu un mausolée à Saint-Denis a été Henri II. Or, maintenant vous y voyez ceux de Henri III, de Henri IV, de Louis XIV et même de Louis XV. Celui de Louis XV est construit avec des débris des anciens tombeaux de la duchesse de Joyeuse, de la comtesse de

Brissac et de la femme d'un sculpteur nommé Moittc. On a réuni tous ces morceaux ensemble, et on en a fait un tombeau pour Louis XV. Voilà ce que l'on appelle une restauration.

Je vois sourire mon noble collègue M. le vicomte Hugo, et je crois que c'est de sa part un sourire d'affirmation...

M. le vicomte Hugo. — Complétement.

M. le comte de Montalembert, — Je me félicite d'avoir, dans ma pénible tâche, l'appui de l'homme qui a le plus fait parmi nous pour régénérer l'étude et le respect de nos antiquités nationales, et je continue. Pour compléter l'œuvre, on a mis des vitraux, et quels vitraux ! Des vitraux de la fabrique de Choisy, où le chef de l'État, accompagné de M. le comte de Montalivet et d'autres fonctionnaires, se trouvaient figurer d'une façon si ridicule, qu'on a dû les faire disparaître ; et c'est, à coup sûr, ce qu'on pouvait faire de mieux. *(Hilarité.)* Si on ne l'a pas encore fait, je fais des vœux ardents pour qu'on n'attende pas, et cela par respect pour la personne auguste qui y est représentée [8].

Le gouvernement ne jugea pas à propos de répondre à M. le comte de Montalembert. J'ai vainement cherché un mot, un seul mot du ministre responsable ayant trait à la discussion du pair de France aujourd'hui académicien ; personne n'a relevé ses accusations, et M. le marquis de Boissy put prendre la parole sur un autre article du budget. Comme on le pressait de parler :

M. le marquis de Boissy. — J'attendais qu'on fit une réponse à M. le comte de Montalembert.

Plusieurs voix. — Il n'en demande pas !

M. le marquis de Boissy. — Je ne dis pas qu'on en demande, je crois que pour l'honneur du gouvernement une réponse eût été nécessaire. Du reste, puisque le cabinet se tait, puisqu'il ne répond rien aux critiques si fondées, si justes et si spirituelles de M. de Montalembert, c'est qu'il accepte tous les faits ; pour mon compte, je les accepte aussi.

La question soulevée par M. de Montalembert en resta là, et la restauration de Saint-Denis ne fut pas modifiée jusqu'à l'arrivée de M. Viollet-Leduc.

Je n'ai reproduit du discours de M. de Montalembert que ce qui a rapport à Saint-Denis, en laissant cependant de côté des personnalités désagréables à l'adresse des différents architectes chargés de la résurrection de l'église.

Mais tout le discours est à lire ; il critique à fond les essais de restaurations artistiques partout où on en avait alors entrepris, et il signale également celles qui seraient à entreprendre. Je recommande particulièrement quelques amusantes boutades au sujet de Napoléon Ier, que M. de Montalembert accusa M Decazes d'avoir appelé *despote* dans une précédente séance, ce dont M. Decazes se défendit absolument. Avait-il oublié, par hasard, que sous l'avant-dernier roi il avait encore mieux traité officiellement le héros *d'usurpateur* et *d'ogre de Corse ?*...

VIII

Objets précieux retirés des cercueils royaux en 1793

Voici, d'après le procès-verbal, l'indication des objets retirés des tombeaux en 1793 :

« 1° Dix couronnes plus ou moins conservées. Débris de cette de Louis X en cuivre et de celle de Charles VII. Couronne en cuivre doré de Jeanne, reine de Navarre, fille de Louis X ; en argent doré de Philippe V, de Charles IV, de Philippe VI, de Jean II ; en vermeil de Charles V ; en cuivre doré de Louis XII et d'Anne de Bretagne. Celle de Philippe V était rehaussée de quelques pierreries. Nous réunissons aux couronnes le diadème en étoffe de Louis VIII.

2° Neuf sceptres. Fragments de ceux de Louis X et de Charles VII. Sceptres en bois de Louis VIII ; en cuivre doré de Philippe IV le Bel, de Philippe V, de Charles IV, de Philippe VI ; en argent doré de Jean II ; en vermeil de Charles V. La hauteur de plusieurs de ces sceptres atteignait environ deux mètres. Ceux de Philippe IV et de Philippe VI se terminaient chacun par un bouquet de feuillage surmonté d'un oiseau. Des feuilles d'acanthes s'épanouissaient au sommet de celui de Charles V.

3° Trois mains de justice. Celle de Charles IV brisée, celles de Jean II et de Charles V, la première en argent, la seconde en argent doré. Un bâton d'ébène trouvé auprès du corps de Charles le Bel avait peut-être formé la hampe de la main de justice de ce roi.

4° Quatre anneaux : ceux de Charles IV et de Jeanne de Bourgogne, femme de Philippe de Valois, en argent, ceux de Philippe le Bel et de Jeanne de Bourbon, en or.

5° Objets divers. Le haut de la crosse en cuivre doré de l'abbé Mathieu de Vendôme.

Le sceau en argent de la reine Constance de Castille, monument d'une grande importance qui présente une inscription et l'effigie de la princesse. Ce sceau, parfaitement conservé, est aujourd'hui au cabinet des Antiques de la Bibliothèque impériale.

Les restes de quenouilles en bois des reines Jeanne de Bourgogne et Jeanne de Bourbon, et quelques chaînons des bracelets de cette dernière.

Deux agrafes et une boucle d'argent provenant des vêtements de Philippe V.

Des morceaux assez nombreux d'étoffes et de broderies.

Suaire tissu d'or de Louis VIII ; suaire en soie de Dagobert ; chasuble de Mathieu de Vendôme ; ceinture satinée de Philippe V ; chaussure de Jeanne de Bourbon ; habits religieux de Madame Louise de France.

Des morceaux de fil d'or dans le cercueil de Pépin.

La chevelure bien conservée d'Alphonse, comte de Poitiers, et celle du connétable Louis de Sancerre. »

Que sont devenus tous ces débris précieux et vénérables dont un grand nombre ne pouvait être d'aucune valeur aux yeux des commissaires chargés de l'enlèvement des métaux ? On prétend qu'ils ont été dilapidés, que quelques-uns ont été vendus, et qu'il s'en trouve encore dans les collections appartenant à de riches étrangers. Mais nous n'avons pu recueillir à cet égard aucun renseignement précis [2].

IX

Cérémonial des obsèques royales

M. l'abbé Jaquemet a très-habilement résumé dans son livre : *L'Église de Saint-Denis,* le récit des obsèques royales un peu longuement fait par Mme d'Ayzac dans son ouvrage sur l'abbaye de Saint-Denis. Je lui emprunte les parties principales de cet intéressant résumé :

Le vieil historien des premiers temps de la monarchie, saint Grégoire de Tours, nous fournit quelques renseignements sur ce qui se rattache aux funérailles des rois à ces époques primitives. On lit, en effet, dans ses *histoires* qu'aussitôt après leur mort, on lavait le corps, on l'embaumait, et on le revêtait des habits royaux. Il était ensuite porté à l'église destinée à le recevoir, pour laquelle on faisait toujours choix d'une des grandes basiliques *(Hist. Franc.,* lib. VI).

Le mode d'embaumement varia suivant les temps, de même que celui de l'ensevelissement ou de la sépulture. Dans les dernières périodes, le corps embaumé était renfermé dans un cercueil de bois bitumineux qu'enveloppait un second cercueil en plomb, lequel recevait l'épitaphe, et qui était lui-même placé dans une troisième caisse en chêne. Un voile de velours noir, coupé d'une croix en moire d'argent, et brodé aux quatre angles de l'écusson de France, l'enveloppait tout entier.

Le cercueil alors porté sur le lit mortuaire, dans la salle dite *chambre du trépas,* y restait exposé pendant dix-huit jours. Par un usage qui nous paraît fort singulier [10], le service de la table du roi se continuait comme de son vivant ; elle était dressée devant le lit de parade où se voyait l'*effigie,* et les officiers de la bouche la chargeaient chaque jour de ses mets.

Ce qu'on appelait l'*effigie* était la statue en pied du roi défunt, de grandeur naturelle, et reproduisant sa ressemblance. Moulée en cire, magnifiquement vêtue, portant la tunique et le manteau royal, ayant au cou le collier des ordres du roi, et sur la tête la couronne, elle reposait sur le lit, les mains jointes, et entourée des *honneurs,* c'est-à-dire du sceptre, de la main de justice et de l'épée posés sur des carreaux.

Le transport du corps à Saint-Denis se faisait dans la plus grande pompe ; c'était le privilège d'une corporation bien connue, celle des *briseurs de sel,* vulgairement appelés *Hannouars,* de porter le cercueil de Paris à Saint-Denis. Ce n'est pas le lieu de rechercher l'existence de ce privilège. Au-dessus du cercueil se voyait l'effigie dont nous avons parlé, sur son lit de parade, abritée par un dais de brocart d'or.

Ordinairement, le convoi n'arrivait à Saint-Denis qu'à la nuit, et la réception se faisait aux flambeaux. L'abbé avec tous les religieux allait processionnellement recevoir le corps, dont la remise lui était faite, suivant des formes convenues, par l'évêque de Paris, le grand-aumônier ou quelqu'autre dignitaire ecclésiastique, et on le transportait à la chapelle ardente, préparée pour le recevoir, dans le sanctuaire du chevet de la basilique, entre le maître autel et l'autel des saints Martyrs.

Il y demeurait quarante jours, pendant lesquels l'office se célébrait, autour de lui, d'une manière continue, ne s'interrompant pas même la nuit ; et durant tout ce temps, trois fois par jour, le matin, à midi et le soir, la cloche de l'abbaye sonnait le *trépas* du roi.

Le service de la table royale se reproduisait ici ; une des salles du monastère recevait un catafalque, et là, à l'heure du dîner, la table se dressait. Un siège d'honneur y était placé et réservé pour le roi, et lorsque les plats avaient été mis en ordre sur la table, un des hérauts d'armes répétait trois fois : *Le roi est servi...* Et, après une pause silencieuse, il ajoutait : *Le roi est mort !*

Le jour de l'inhumation arrivé, sur le catafalque était placé le cercueil couvert par les *honneurs* du roi et par les deux couronnes du sacre auxquelles s'en ajoutait une troisième, la *couronne funèbre,* spéciale pour la cérémonie de l'inhumation.

L'oraison funèbre et la messe terminées, le cercueil, enlevé du catafalque, était descendu, accompagné des prières liturgiques, des aspersions et des encensements, dans le caveau. La pelletée de terre qui rappelle aux rois et aux empereurs comme aux plus humbles de leurs sujets la destinée commune à tous, le retour de cette poussière qu'on appelle le corps à la terre d'où il a été tiré, le retour de l'âme à Dieu, des mains duquel elle est sortie ; la pelletée de terre, disons-nous, rompait, en tombant sur le cercueil, le morne et solennel silence qui s'étendait à ce moment dans toute la basilique ; il était, presque immédiatement après, rompu une seconde fois par ce cri lugubre qui s'échappait à trois reprises des entrailles de la terre : *Le roi est mort !...* et que complétait la parole chrétienne : *Priez Dieu pour son âme.*

C'est alors qu'à l'appel des hérauts d'armes sont apportés successivement sur les bords du caveau, dont la bouche s'ouvre pour les recevoir avec le cercueil déjà absorbé par lui, tous les insignes de la royauté : écu, cotte d'armes, gantelets, heaume, enseignes militaires, manteau, épée, sceptre, main de justice, couronne Tous ces insignes sont précipités pêle-mêle dans le caveau ; tous, un seul excepté, la *bannière de France,* qui ne fait que s'incliner sur l'ouverture de la crypte, saluant pour la dernière fois ce roi qui vient d'y descendre. Presque aussitôt elle se relève, proclamant par ce mouvement que la noble bannière de France, ELLE, ne meurt pas. Et puis elle salue le nouveau souverain auquel elle va être confiée, à ce cri de : *Vive le roi !* attestant que la royauté qu'elle abrite sous ses plis ne descend pas dans la tombe.

Désormais la mort est comme mise en possession de tous ses droits sur le nouvel hôte qui vient d'être donné aux caveaux où elle règne en souveraine ; la solitude et le silence vont former toute la cour de celui-ci, avec la blanche et bénite image de la Mère du Sauveur, que la piété a mise là comme dernière consolation, comme espérance, comme gardienne de ce cercueil placé à ses pieds.

Comme son successeur occupe sa place sur le trône, lui, dans la mort, déplace aussi son prédécesseur. Le sarcophage de ce dernier, posé à l'ouverture du caveau comme une sentinelle avancée chargée de la garde de tous ses ancêtres qui dorment là le dernier sommeil, est relevé de son poste par le dernier venu ; il va, lui, prendre sa place sur les tréteaux de fer, dans la grande crypte, et clore la ligne des tombes royales qui s'y étendent sur deux rangs. La place qu'il laisse vide au bas des degrés, le cercueil du roi qu'on inhume l'occupe ; il y restera jusqu'au jour où son successeur entrera à son tour là où il vient aujourd'hui.

C'est alors que, tout étant fini, les moines de l'abbaye, ces gardiens officiels de la Nécropole des rois, venaient fermer avec soin le caveau. Une des deux clefs devait être portée au roi, tandis que l'autre demeurait en dépôt aux mains des religieux de l'abbaye.

Bien des années se sont écoulées depuis que Saint-Denis n'a été témoin de ces émouvantes cérémonies des funérailles des rois, depuis que ses échos n'ont été frappés par le cri lugubre des hérauts d'armes, et par le bruit plus sinistre encore des insignes royaux précipités dans la crypte.

Une fois seulement depuis plus d'un siècle ce long silence a été rompu devant le convoi funèbre de Louis XVIII... Et pourtant, avant comme après lui, plus d'un cercueil s'est fermé qui aurait eu droit de compter sur ces honneurs ! Effet étrange des révolutions politiques qui, depuis un siècle, bouleversen périodiquement notre patrie, et dont les coups atteignent même les morts.

X

Funérailles de Louis XVIII

Sept jours après le décès, le 23 septembre [11], le cercueil royal fut transporté du château des Tuileries à l'Église de Saint-Denis, au bruit d'une salve de cent un coups de canon, et demeura exposé dans cette basilique, au milieu d'une chapelle ardente, jusqu'au 24 octobre, jour fixé pour les funérailles. C'était la première fois, depuis la mort de Louis XV (10 mai 1774), qu'une cérémonie de cette nature était offerte à la curiosité publique. L'affluence fut énorme. Des colonnes gothiques funèbres, couvertes d'écussons, d'armoiries et de L entrelacés, décoraient le portail de l'église. L'intérieur, entièrement tendu de noir jusqu'aux voussures, était éclairé par plusieurs milliers de cierges et de bougies dont la lumière effaçait l'éclat du jour.

Un catafalque, imitant les mausolées élevés à François Ier et à Henri II par les architectes du seizième siècle, occupait le centre de la nef. Les cordons du poêle royal de drap d'or recouvrant le sarcophage étaient tenus par le chancelier Dambray, président de la Chambre des pairs ; par M. Ravez, président de la Chambre des députés ; le comte Desèze, premier président de la Cour de cassation, et par le maréchal Moncey. La messe dite et l'oraison funèbre commencée, on procéda aux derniers actes de la sépulture selon le vieux cérémonial de la monarchie. Douze gardes du corps enlevèrent le cercueil et le descendirent dans le caveau. Le roi d'armes, se dépouillant alors de sa cotte d'armes et de sa toque, les jeta sur le cercueil ainsi que son caducée, puis, reculant de trois pas, il s'écria :

« Hérauts d'armes de France, venez remplir vos charges ! » Ces officiers s'approchèrent de l'ouverture du caveau et y jetèrent à leur tour leurs caducées, leurs cottes d'armes et leurs toques. Le roi d'armes reprit la parole : « Monsieur le duc de Reggio, major général de la garde royale, s'écria-t-il, apportez le drapeau de cette garde ! Monsieur le duc de Mortemart, monsieur le duc de Luxembourg, monsieur le duc de Grammont, monsieur le ducde Mouchy, monsieur le duc d'Havré, apportez l'étendard de la compagnie dont vous avez la charge ! »

Le drapeau et les cinq étendards, apportés par les personnages dont le roi d'armes venait de prononcer les noms, furent descendus dans le caveau par les hérauts d'armes, ainsi que les honneurs du défunt, le pennon, les éperons, l'écu, la cotte d'armes, le heaume et les gantelets, que le cérémonial, par une tradition des obsèques royales d'un autre âge, supposait avoir été portés ou revêtus par ce souverain, le moins guerrier de tous les rois. Par une autre raillerie de ces prescriptions empruntées aux coutumes antiques, le grand chambellan, obéissant à l'appel du roi d'armes, approcha du caveau la bannière de France. Le dignitaire auquel sa fonction la confiait, vieillard chétif, boiteux, couvert de satin, de broderies d'or, de dentelles et de décorations en brillants, était un homme dont le nom se trouvait mêlé aux hontes les plus récentes de notre histoire, et qui deux fois avait pactisé avec l'ennemi. La main qui tenait cette noble bannière et qui l'inclina vers le cercueil du vieux roi était la main flétrie de M. de Talleyrand. Ce dernier hommage accompli, le duc d'Uzès, faisant les fonctions de Grand Maître de la maison royale, baissa son bâton de commandement, en plaça le bout dans l'ouverture du caveau et cria : « Le roi est mort ! » « Le roi est mort ! » répéta par trois fois le roi d'armes, qui, après le troisième cri, ajouta : « Prions tous Dieu pour le repos de son âme ! » Le plus profond silence s'établit ; le clergé, tous les assistants s'inclinèrent et firent une courte prière mentale. Le duc d'Uzès relevant bientôt son bâton, pousse alors le cri de : Vive le roi ! Le roi d'armes répète encore ce cri trois fois et ajoute : « Vive le roi Charles, dixième du nom, par la grâce de Dieu, roi de France et de Navarre, très-chrétien, très-auguste et très-puissant, notre très-honoré seigneur et bon maître, à qui Dieu donne très-longue et très-heureuse vie ! Criez tous : Vive le roi ! » Ce cri sort aussitôt de mille bouches ; les trompettes sonnent, les tambours battent, tous les instruments des nombreuses musiques militaires réunies dans l'église éclatent, pendant qu'au dehors du pieux édifice des salves d'artillerie et de mousqueterie annoncent à la population que toute douleur doit cesser pour faire place à l'allégresse, et que si Louis XVIII vient de disparaître, son frère Charles X est roi.

XI

Extraits d'articles et de lettres de MM. Ad. Perreau et Viollet-Leduc sur le Saint-Denis actuel

M. Ad. Perreau a publié dans le *Figaro*, sous ce titre : *La Royauté restaurée à Saint-Denis*, deux articles critiques qui ont valu à leur auteur deux réponses intéressantes de M. Viollet-Leduc. Je prends dans ces articles et dans ces lettres les quelques passages qui peuvent, — et en quelque sorte à titre de documents, — trouver place dans ce volume :

« A la vitre d'une baraque installée sur la place d'Armes de Saint-Denis, dit M. Ad. Perreau, on lit ce titre d'une brochure de chanoine : *L'Église impériale, ses tombeaux, sa crypte*, etc., etc. Je ne sais rien de petit et de misérable comme ces changements de noms avec lesquels les flatteurs des gouvernements divers essayent d'effacer l'histoire. J'avais peine, autrefois, tout enfant que j'étais, à entendre appeler Bourbon-Vendée, dans mon pays, la ville que Napoléon Ier était venu, à cheval, planter à la place des vieux chênes du plateau de Roche-sur-Yon. Je ne comprends pas davantage pourquoi la basilique de Saint-Denis se nomme *église impériale*... surtout dans la langue d'un chanoine.

Du reste, je m'empresse de le dire, les rois ou les empereurs sont toujours innocents de ces contresens officiels, et la meilleure preuve, c'est que depuis le mois de juin 1859, le gouvernement actuel a mis à l'œuvre ses architectes, ses historiens, ses sculpteurs et ses maçons non-seulement pour restaurer l'église de Saint-Denis, mais pour refaire d'elle *la vraie* BASILIQUE, LA BASILIQUE de Dom Félibien, celle qu'on voyait avant 93, et dont la Révolution, dans sa furieuse tempête, a failli réduire les tombeaux en poussière comme elle en a jeté les cendres royales au vent. Prendre la Bastille, c'était un acte assez grand de liberté naissante et un acte de belle justice dans son exécution populaire ; guillotiner le roi, c'était l'abus féroce de cette liberté, — une vengeance qui, avec ses précédents terribles et son appareil barbare, ne nous permet guère aujourd'hui de rappeler à des sentiments plus élevés d'humanité les Juarez du Mexique ; — mais piétiner sur les cendres de Saint-Denis, c'était l'acte inutile, l'acte de démence d'un peuple qui ne mérite pas une grande histoire.

Rendons à Napoléon III ce qui appartient à Napoléon III, hors des ministres et des administrateurs du gouvernement. il a sculpté son N impérial sur la pierre et le marbre de bien des monuments nouveaux, — dont je n'ai pas à discuter ici la nécessité ni la valeur, — mais il sait, par exemple, autant qu'historien au monde, que Saint-Denis appartient au passé, qui a ses droits comme le présent, et aux vieux rois, qui ont eu leur grandeur. En 1859, le chœur de l'église royale a été enfermé de planches, la nef encombrée d'échafaudages qui couraient le long de ses piliers, et le chapitre de Saint-Denis a commencé à célébrer ses offices dans une longue chapelle latérale où il les célèbre encore..

En même temps, architectes et maçons s'enfonçaient déjà dans les caveaux, où il fallait alors descendre pour trouver les tombeaux des rois enfouis dans les caveaux de la basilique.

A cette heure ils en sont presque tous sortis et rétablis, aussi scrupuleusement que possible, comme avant 93, sous la grande nef et les nefs latérales de l'église. »

M. Viollet-Leduc répond aussitôt au *Figaro,* et j'extrais de sa lettre adressée à M. de Villemessant le passage relatif au fragment précité de l'article de M. Perreau.

« Paris, 26 août 1867.

Je partage l'opinion de votre honorable rédacteur en ce qui touche aux changements de noms que l'on fait parfois subir aux monuments ;

mais permettez-moi de vous faire observer que l'ancienne église de Saint-Denis, qui n'a jamais eu le titre de basilique, par cela même qu'elle a été, depuis Dagobert, destinée à protéger la sépulture des souverains français, a changé ou peut changer sa qualification à chaque dynastie. L'église impériale de Saint-Denis était une église abbatiale ; et si Félibien lui donne le titre de *royale*, c'est qu'on y ensevelissait les rois de son temps.

Charles le Chauve y fut enseveli, et alors l'abbaye prenait le titre *d'impériale*. Napoléon Ier, en décidant que la vieille église serait de nouveau destinée à recevoir sa dépouille et celle de ses successeurs, a pu légitimement lui donner le nom *d'impériale*. Elle est redevenue *royale* sous la Restauration, comme elle redevient *impériale* aujourd'hui, puisque, par suite d'un décret de l'Empereur, de 1859, elle est de nouveau destinée à la sépulture des membres de la dynastie régnante.

Tout cela n'est que conforme à la logique, et les restaurations entreprises sous Napoléon III indiquent assez le respect que le gouvernement actuel professe pour les souvenirs historiques.

La restauration des tombeaux anciens est *sincère*, en ce qu'elle a consisté à remettre en place les monuments qui, autrefois, remplissaient une partie de l'église abbatiale, et qui avaient été épargnés en 1793.

Il a été placé beaucoup d'autres monuments, déposés par Lenoir au Musée des monuments français, détruit en 1816 ; monuments qui venaient des Célestins et des Jacobins de Paris (détruits), de l'abbaye de Royaumont (détruite), etc. Du reste, les détails historiques concernant ces sépultures sont aujourd'hui entre les mains de tout le monde. »

J'ai cité surtout ces deux extraits, parce que j'y trouve l'occasion de revenir sur la qualification actuelle à donner à l'église de Saint-Denis, que les uns appellent impériale, comme M. Viollet-Leduc, les autres royale, comme M. Perreau, dont l'opinion est, à mes yeux, beaucoup plus logique et beaucoup plus soutenable que celle émise par l'éminent architecte. Et qu'on ne voie pas là une simple querelle de mots ! J'ai donné dans l'avant-propos même de ce volume des raisons que je crois excellentes pour faire préférer en tous temps la vieille dénomination d'église royale de Saint-Denis à l'officielle, nouvelle et étrange qualification d'église impériale. Je trouve d'ailleurs dans la lettre même de M. Viollet-Leduc une erreur qui met l'honorable architecte en contradiction avec lui-même et en faute tout à fait évidente. Saint-Denis n'était point du tout église *impériale* sous Charles le Chauve, elle ne l'a été à aucune époque antérieure à ce siècle, ni sous aucun empereur. Le chapitre est aujourd'hui impérial parce qu'il est nommé directement par l'Empereur, je l'ai déjà dit plus haut ; mais quoi qu'on fasse, la royale abbaye ne peut jamais devenir impériale. Le gouvernement de Napoléon III aura la gloire immense d'avoir hâté, et sans doute terminé, sa définitive et magnifique restauration, à laquelle le nom de M. Viollet-Leduc sera éternellement attaché ; mais encore une fois, la royale église ne peut point pour cela perdre son titre séculaire. La restauration même entreprise, le rétablissement de tous ces cénotaphes royaux aux endroits que les rois s'étaient choisis pour sépulture ; la réintégration, aussi scrupuleuse que possible, du passé royal si longtemps disparu ; tout enfin, dans ce retour de l'ordre ancien et nouveau et en quelque sorte du rapatriement des tombeaux de nos rois, indique surabondamment, et plus clairement surtout que toutes les dissertations imaginables, que c'est bien l'église de nos rois, l'église royale elle-même qu'on a voulu rétablir et restaurer.

XII

Légende des armes de l'abbaye de Saint-Denis

J'ai fait copier les armes de l'abbaye royale ; on les trouvera en tête de ce volume ; le lecteur remarquera, au milieu des trois fleurs de lis qui ornent l'écu, le clou, *le Saint cloud,* dont je lui donne la légende d'après Dom Millet et Félibien :

« *Origine du Saint cloud.* On trouve dans D. Millet le passage suivant : « Une autre sainte relique, qui ne cède point à la première en dignité, est un des trois ou quatre clouds avec lesquels notre Sauveur fut attaché en croix. Cette précieuse pièce vient de l'Empereur et Roy de France sainct Charlemagne, qui la receut de l'Empereur Constantin, cinquiesme du nom, avec plusieurs autres sainctes reliques, qu'il fit mettre dans la belle église qu'il avoit fait bastir à l'honneur de la Sacrée Vierge Marie, à Aix, en Allemagne, d'où puis après Charles le Chauve, son petit-fils, les fit transférer en France et colloquer honorablement dans l'église de Saint-Denys comme ie diray plus amplement quand ie parleray de sa sepulture en la seconde partie de ce livre. Le saint cloud est enchassé en vn estui d'argent doré bien artistement fait, qui s'ouvre par les deux bouts pour faire voir la teste et la pointe dudit cloud. Il est enrichi de quelques petites pierreries et posé sur un pied d'argent doré ayant aux deux costés deux anges d'ivoire très-bien faits. Ce sacré joyau estoit jadis beaucoup plus précieusement orné qu'il n'est à présent, car il estoit porté par cinq images d'or massif, l'un *desquels* estoit de l'Empereur sainct Charlemagne. Ces images avoient esté données par le roy Charles VI avec plusieurs pierres précieuses qui estoient autour du reliquaire, toutes lesquelles choses ont esté ravies et perdues és derniers troubles de ce royaume. »

(Édit. 1638. DOM MILLET, *Trésor sacré de Saint-Denys.*)

An 1233. Le saint clou perdu.

« Il arriva alors dans l'église de Saint-Denis un accident qui fit beaucoup de bruit partout le royaume. La chose mérite d'être racontée tout au long. C'est la coutume, à Saint-Denis comme partout ailleurs, de célébrer tous les ans la dédicace de l'église. Celle de Saint-Denis tombe le jour de la fête de saint Mathias. La solennité du jour et les cérémonies extraordinaires y attirent ordinairement un grand concours de peuple. Pour satisfaire à leur dévotion, on expose publiquement les principales reliques du trésor, non-seulement le jour de la fête, mais même pendant l'octave. Cette année-là, le dimanche d'après la dédicace arriva le 27ᵉ de février, qui était le second dimanche de carême. Il se trouva en ce jour une affluence prodigieuse de monde à Saint-Denis. Ceux qui faisaient baiser les saintes reliques furent contraints de monter sur un lieu un peu élevé pour satisfaire plus commodément à la dévotion publique. Le religieux qui portait le saint clou de Notre-Seigneur ne prit pas garde, en le faisant baiser, que la relique tomba du reliquaire où elle était enchâssée. Une femme nommée Ermengarde, le sentant sous ses pieds, le prit et le cacha dans son sein. Elle se glissa incontinent et sortit de l'église. S'étant aperçue que ce n'était qu'un clou de fer, elle pensa le jeter dans la rivière. Dieu permit toutefois qu'elle le gardât. Le religieux, cependant, continuait, sans s'en apercevoir, à faire toucher, au lieu du saint clou, le reliquaire d'argent, jusqu'à ce qu'il en fût averti par une personne de l'assemblée. Aussitôt le bruit se répand que le saint clou avait été enlevé. L'on ferme les portes de l'église, l'on cherche partout, et, sans s'en rapporter à la bonne foi d'autrui, on fouille tout le monde. A l'instant la ville se met sous les armes ; on lève les chaînes des rues et l'on se saisit des portes pour ne pas laisser échapper le voleur.

L'abbé Eudes, qui était à Gennevilliers, village éloigné d'une demi-lieue de Saint-Denis, se rendit à son abbaye au moment qu'il apprit cette triste nouvelle. Comme il vit que toutes les précautions qu'on avait prises étaient inutiles, il dépêcha quelques uns de ses religieux pour le faire savoir au roi et à la reine, saint Louis, et Blanche de Castille encore régente. Ils étaient déjà à cheval lorsqu'on publia que le saint clou venait d'être trouvé dans l'église de Saint-Marcel. Ce bruit les arrêta ; mais, assurés par eux-mêmes qu'on avait voulu leur donner une fausse joie, ils continuèrent leur chemin et arrivèrent à la cour. Le roi et la reine sa mère parurent fort touchés de la perte d'un trésor qu'ils regardaient l'un et l'autre comme inestimable. Le jeune roi marqua s'intéresser extrêmement à l'affliction où étaient l'abbé et tous les religieux de Saint-Denis, et envoya aussitôt quelques personnes qualifiées pour les consoler de sa part. En même temps il fit publier à haute voix dans Paris que quiconque trouverait le saint clou aurait la vie sauve et cent livres d'argent pour récompense. L'abbé Eudes, de son côté, prononça publiquement l'excommunication contre l'auteur du larcin et ceux qui en avaient connaissance. Il n'en demeura pas là : il crut que pour fléchir la miséricorde du Seigneur il devait avoir recours aux œuvres de pénitence. Le lundi matin, qui était le lendemain de l'accident, il vint au chapitre selon la coutume, où il ordonna des jeûnes, des processions pieds nus et une discipline générale, qu'il fit faire sur l'heure en commençant par lui-même le premier. Plusieurs communautés de chanoines et de religieux s'imposèrent aussi diverses pénitences ; enfin il n'y eut personne qui ne témoignât prendre part à l'extrême affliction de l'église de Saint-Denis.

Environ quinze jours après, un homme, dévot en apparence, mais hypocrite et scélérat en effet, feignit d'avoir trouvé la relique qu'on cherchait de tous côtés. Il surprit, par ses artifices, deux religieux de Saint-François, qui vinrent trouver l'abbé et lui donner avis du secret qu'on leur avait fait. On alla incontinent lever la prétendue relique cachée en terre dans l'endroit qu'ils désignèrent. Les religieux de Saint-Denis, qui s'aperçurent tout d'un coup de la fourberie, firent mettre l'imposteur en prison ; on lui serra les pouces, et il avoua que c'était un clou qu'il avait fait forger dans l'espérance de profiter de la récompense promise à celui qui trouverait le véritable.

On continuait de faire des prières particulières pour le recouvrement de la sainte relique, non-seulement à Saint-Denis, mais dans plusieurs autres monastères particulièrement de l'ordre de Cîteaux, avec lesquels l'abbaye de Saint-Denis avait en ce temps-là beaucoup de liaison. Un religieux de cet ordre (c'était le prieur du Val, près de Pontoise) avait fait vœu de s'abstenir de vin toute sa vie si Dieu permettait qu'on retrouvât le trésor qu'on cherchait. Ses désirs, qui étaient ceux de tout le monde, furent enfin heureusement accomplis. Ermengarde, cette femme dont nous avons déjà parlé, étant arrivée en son village (Valeria) au sortir de Saint-Denis, avait donné le saint clou à son neveu, nommé Guillaume, comme un clou ordinaire, ajoutant qu'elle l'avait trouvé dans l'église de Saint-Denis. Cet homme, sans y faire trop de réflexion, s'en était déchargé entre les mains de sa femme, nommée Rosche. Celle-ci fit bien voir qu'elle pensait que ce pouvait être le saint clou de Saint-Denis, dont la perte commençait à faire bruit, car elle le cacha dans une armoire, qu'elle tint bien fermée.

A quelques jours de là, le neveu d'Ermengarde, entendant de tous côtés déplorer la perte que l'église de Saint-Denis avait faite depuis quelque temps, se ressouvint de ce que sa tante lui avait dit. Il s'en ouvrit à l'un de ses voisins nommé Fromentin, qui n'eut pas plus tôt aperçu le saint clou, qu'il s'écria que c'était celui de Saint-Denis, où il l'avait vu plusieurs fois. Cette assurance augmenta son scrupule ; il en parla même à sa femme, qui, pour se délivrer d'embarras, alla trouver le curé du lieu. Elle lui dit qu'elle avait chez elle le saint clou qui avait été perdu dans l'église de Saint-Denis. A cette nouvelle le prêtre fut ravi de joie ; mais il n'osa trop s'y fier, dans la crainte d'être abusé. Il s'en ouvrit d'abord à un religieux de l'abbaye du Val, puis au prieur, et ensuite à l'abbé nommé Geoffroy, à qui il rapporta tout ce qu'il en savait. L'abbé doutait fort de la vérité du récit. Néanmoins il envoya le prieur et l'autre religieux avec le prêtre pour voir ce qui en était. On leur représenta le saint clou, que ces bonnes gens avaient mis dans une armoire, enveloppé d'un linge fort propre. Les religieux, ne pouvant savoir si la relique était véritable, l'emportèrent pour la mettre dans le trésor de leur abbaye, en attendant qu'ils fussent pleinement informés de la vérité. L'abbé du Val écrivit aussitôt à un religieux de sa connaissance, nommé Dreux, qui tenait la place de tiers prieur dans l'abbaye de Saint-Denis, pour le prier de venir le trouver incessamment. Dreux se hâta de contenter son ami sans savoir de quoi il s'agissait. Il arriva au Val le lundi saint, d'assez bonne heure. L'abbé l'introduisit dans une chambre avec le prieur et quelques uns de ses religieux ; il lui dit qu'on avait apporté un clou, qu'on disait être celui de Notre-Seigneur, qui avait été perdu dans Saint-Denis ; mais qu'avant de faire éclater la chose il était bien aise de s'assurer de la vérité ; qu'il avait cru que, l'ayant montré si souvent, il pourrait les instruire mieux que personne, afin que si c'était un clou supposé on le brisât à l'heure même et qu'il n'en fût plus parlé ; après quoi, l'abbé tira le saint clou et le montra à Dreux, qui y trouva tous les indices qui pouvaient le faire reconnaître. Il en rendit aussitôt à Dieu des actions de grâces, et, sans perdre de temps, il retourna en diligence à Saint-Denis, pour apprendre à l'abbé l'heureux succès de son voyage.

L'abbé Eudes, à cette nouvelle, fut saisi de joie et de crainte tout ensemble, dans l'appréhension de quelque tromperie. Dreux l'ayant de nouveau assuré qu'il avait touché et vu le véritable clou de Notre-Seigneur, il le crut et partit dans le moment pour se rendre à la cour. Il ne trouva que la reine Blanche, car le roi était allé à Notre-Dame pour assister à la consécration du saint Crème. Elle était pour lors avec Jean de Milly, trésorier du Temple, et Jean de Beaumont, chambellan du roi. Après avoir salué la reine, il lui dit qu'il venait lui faire part d'une grande nouvelle, que le saint clou était retrouvé et qu'on le gardait dans l'abbaye du Val. La reine l'avertit de prendre garde de ne pas se laisser tromper, qu'il y avait bien des fourbes dans le monde, qu'il en devait être assez persuadé par ce qui était arrivé depuis peu à l'occasion du clou contrefait. L'abbé répondit qu'il n'avait envie ni d'être trompé, ni de tromper personne, et que le religieux témoin du fait pouvait être entendu, puisqu'il l'avait amené avec lui. La reine commanda qu'on le fît entrer, et lui demanda ce qu'il savait touchant le recouvrement du saint clou. Il assura la chose comme indubitable, et dit qu'il l'avait vu de ses propres yeux. La reine, après un témoignage si positif, leur dit : « Partez donc et reportez le saint clou de Notre-Seigneur dans votre église avec tous les égards convenables. — Plût à Dieu, madame, reprit l'abbé, que le roi votre fils, ou plutôt tous deux ensemble, puissiez honorer une cérémonie que votre présence rendrait si auguste. — La sainteté du temps où nous sommes, répondit la reine, ne me permet pas de monter ces jours-ci à cheval, mais vous pouvez choisir, entre les premiers officiers du roi, ceux que vous voudrez pour vous accompagner. » L'abbé remercia la reine et la pria de lui accorder les seigneurs qu'elle avait actuellement près d'elle, savoir : Jean de Milly, Hugues d'Aties et Renaud de Beronne, toutes personnes d'une probité et d'une sagesse hors de soupçon. La reine y consentit volontiers, et ils prirent congé d'elle.

Au sortir du palais, l'abbé Eudes passa chez le grand chambellan Barthélemy de Roye pour lui apprendre une nouvelle à laquelle il savait qu'il prendrait beaucoup de part. De là il monta à cheval avec le trésorier du temple, sans attendre Hugues d'Aties ni Renaud de Beronne, qui ne partirent qu'après eux. Déjà Dreux avait pris les devants par ordre de son abbé, et était allé en diligence à Saint-Denis. Il prit avec lui l'un des chevaliers, nommé Henry, pour porter les deux reliquaires qui servaient à mettre le saint clou. Ils allèrent joindre leur abbé à Saint-Denis-de-l'Estrée, et de là continuèrent leur chemin vers l'abbaye du Val, où ils arrivèrent le jeudi au soir. Après les civilités accoutumées, l'abbé du Val ayant tiré à l'écart l'abbé de Saint-Denis, Jean de Milly et quelques autres personnes de leur compagnie, il leur dit en peu de mots de quelle manière le saint clou avait été recouvert, nomma les personnes qui le lui avaient remis entre les mains et toute la suite de cette affaire. Il le fit monter ensuite au trésor de l'église, et, avant que d'ouvrir l'armoire où était la sainte relique, il exigea de l'abbé de Saint-Denis qu'il commandât à ses religieux, en vertu de l'obéissance qu'ils lui avaient vouée, de dire la vérité et de ne point rendre de témoignage qu'ils ne fussent très-assurés de la chose, ce qu'ils promirent au même moment. Alors l'abbé du Val découvrit le sacré dépôt qu'on lui avait confié, et, tant l'abbé que les religieux de Saint-Denys, tous reconnurent le véritable saint clou. Ils se prosternèrent aussitôt par respect et attestèrent chacun en particulier la vérité qu'ils connaissaient. On fit ensuite l'épreuve avec les deux reliquaires qu'un des religieux de Saint-Denis avait apportés. Tout convint si parfaitement, qu'il était impossible que l'un n'eût pas été fait pour l'autre. La vérité ayant été découverte d'une manière qui ne faisait plus craindre du côté de l'imposture, on publia aussitôt que le saint clou de Notre-Seigneur avait été recouvert, et l'abbé du Val le donna à baiser au peuple, qui était venu ce jour-là en foule à son église, après quoi il le reporta au trésor.

L'abbé de Saint-Denis, encore à jeun, s'étant mis à table, les deux seigneurs dont j'ai parlé, Hugues d'Aties et Renaud de Beronne, arrivèrent tout à propos pour prendre part à la joie commune. Après le repas, Eudes dicta à son secrétaire des lettres pour le roi, pour la reine et pour d'autres de ses amis, afin de les informer de la manière dont le saint clou avait été recouvert. Il renvoya en même temps Henry, l'un de ses religieux, à Saint-Denis, pour faire savoir à sa communauté ce qu'elle devait faire en cette occasion. Le lendemain, à l'issue de matines, l'abbé du Val assembla ses religieux et leur représenta la grâce que Notre-Seigneur leur avait faite de permettre que l'instrument dont il avait été percé à pareil jour eût été apporté et reconnu dans leur monastère ; il les exhorta d'en remercier sa divine bonté ; puis, pour satisfaire à leur dévotion, il fit baiser à chacun d'eux la sainte relique. Tous les religieux accompagnèrent ensuite leur abbé jusqu'à la porte du monastère en chantant l'hymne de la passion. Comme plusieurs personnes du dehors avaient accouru en foule pour voir le saint clou, on le leur montra en même temps qu'on le découvrit aux deux officiers du roi qui étaient arrivés la veille et qui ne l'avaient pas encore vu. Les deux abbés se mirent aussitôt en chemin avec tous ceux de leur compagnie et ne cessèrent de réciter des psaumes, jusqu'à ce qu'ils furent arrivés à Saint-Lazare, qui était une maladrerie proche de Saint-Denis.

Henry, suivant les ordres de son abbé, avait disposé toutes choses pour la cérémonie de la réception du saint clou, à laquelle il semble que la divine providence permit que l'abbé de Saint-Edmond se trouvât, afin de désabuser le public du faux bruit qui avait couru, que le saint clou de Notre-Seigneur avait été porté dans son monastère en Angleterre, où l'on assurait qu'il était honoré. L'église était ornée de tapisseries et éclairée de cierges comme au jour des plus grandes solennités : les rues de la ville étaient tapissées avec des pots remplis de fleurs et d'encens des deux côtés, et les soldats sous les armes. Les religieux, vêtus d'aubes et pieds nus, commencèrent la procession au son de toutes les cloches de la ville ; ils avaient à leur tête l'abbé de Saint-Edmond, qui portait la couronne d'épines. Il se trouva à cette cérémonie une foule prodigieuse de personnes de tout âge, de tout sexe et de toutes sortes de conditions ; les uns attirés par dévotion et les autres par la nouveauté du spectacle. La procession étant près de Saint-Lazare, les deux abbés de Saint-Denis et du Val arrivèrent avec toute leur suite : celui du Val, revêtu d'une étole, portait le saint clou dans un reliquaire d'or, ayant à ses côtés deux gentilshommes qui lui soutenaient les bras pour l'aider à faire voir la relique au peuple. Lorsque se joignirent ceux qui portaient les instruments de la passion de Notre-Seigneur, c'est-à-dire le saint clou et la couronne d'épines, les acclamations redoublèrent, et l'on n'entendit partout que des cris de joie. La procession retourna à Saint-Denis en chantant les hymnes du temps, jusqu'à ce qu'étant arrivé à l'église, le chantre entonna une antienne de Saint-Denis qui fut suivie du *Te Deum*. L'abbé Eudes reçut ensuite des mains de l'abbé du Val le saint clou, qu'il mit sur le grand autel. Alors un religieux de l'abbaye, nommé Estienne, monta au jubé et prononça un discours qui commençait par ces mots de l'Évangile : *Réjouissez-vous avec moi, parce que j'ai trouvé la drachme que j'avais perdue*. Le concours du peuple était si grand, qu'on ne put lui prêter toute l'attention qu'il méritait : il fallait satisfaire le peuple, donner à baiser le saint clou, et par là se termina la cérémonie. Le jeune roi, n'ayant pu s'y trouver, vint quelques jours après à Saint-Denis pour témoigner sa joie du recouvrement du saint clou, qu'il révéra avec tous les seigneurs qui l'accompagnaient en grand nombre. Plusieurs prélats et quantité de personnes de marque firent aussi la même chose les jours suivants, et la joie qu'on eut d'avoir recouvert un si précieux monument fut d'autant plus générale que la tristesse de l'avoir perdu s'en était répandue par tout le royaume, tant on avait pour lors de respect, d'amour et de vénération pour les choses saintes [12].

Toute cette histoire a été décrite beaucoup plus au long par un religieux de Saint-Denis qui vivait pour lors, et dont l'ouvrage s'est heureusement conservé dans un manuscrit de trois à quatre cents ans. C'est de cet auteur que Guillaume de Nangis a tiré ce qu'il en rapporte dans la Vie de saint Louis. Il nous est resté une lettre de Geoffroy, abbé du Val : c'est un acte authentique par lequel, lui et sa communauté, témoignent avoir reçu de l'abbaye de Saint-Denis plusieurs grâces, entre autres l'indemnité des biens qu'ils possédaient à Cormeilles, à Montigny, à Noisy, à Saint-Martin du Tertre, à Presles, à Fayel, à Villiers et à Montmorency. Outre une redevance annuelle de cent sols sur la mense de l'abbé, en reconnaissance de ce que le saint clou avait été recouvert par leur moyen. »

XIII

Emplacement actuel des tombeaux

Les tombeaux de nos rois se trouvent aujourd'hui rétablis dans la royale église de Saint-Denis aux places qu'ils avaient jadis occupées. M.

Viollet-Leduc leur a rendu, dans l'ordre suivant, leur logique et, je le souhaite une fois de plus, leur définitive classification :

SANCTUAIRE.

Première travée de l'abside.

Clovis Ier, — Childebert Ier, — Dagobert Ier, — Frédégonde, — Jean et Blanche, enfants de saint Louis.

TRANSEPT.

Travée centrale.

Clovis II, — Charles Martel, — Louis III et Carloman, — Pépin et Berthe, — Robert et Constance d'Arles, — Henri Ier, — Louis VI, — Philippe, fils de Louis VI, et Constance de Castille, — Carloman, roi d'Australie, et Ermentrude, — Isabelle d'Aragon, — Philippe III le Hardi, — Philippe IV le Bel, — Louis X le Hutin, — Jean Ier, — Jeanne de France, — Henri III.

Chapelle de la Trinité.

Charles de Valois, comte d'Alençon, et Marie d'Espagne, sa femme, — Léon de Lusignan, roi d'Arménie.

Chapelle de saint Hippolyte.

Philippe, frère de saint Louis, — Louis ; fils aîné de saint Louis, — Louis et Philippe, fils de Pierre comte d'Alençon, — Charles, comte d'Anjou, roi de Sicile et de Jérusalem, — Blanche, fille de saint Louis, — Louis, comte d'Évreux, et Marguerite d'Artois, sa femme, — Charles, comte de Valois, — Catherine de Courtenay, — Clémence de Hongrie, — Blanche d'Évreux, deuxième femme de Philippe VI, — Jeanne de France, leur fille, — Marie de Bourbon.

Croisillon nord.

Roi et reine inconnus (XIIe siècle), — Louis XII et Anne de Bretagne, — Henri II et Catherine de Médicis, — Le cardinal Louis de Bourbon, — François II, — Guillaume du Chastel.

Chapelle de Notre-Dame-la-Blanche.

Philippe V, dit *le Long,* — Charles IV le Bel, — Jeanne d'Évreux, sa troisième femme, — Blanche de France, sa fille, — Philippe VI de Valois, — Jean II le Bon.

Chapelle de saint Eustache.

Henri II et Catherine de Médicis, — Marie de Bourbon, — un prince et une princesse inconnus (XIVe siècle).

Chapelle de saint Michel.

Charles, comte d'Etampes, — Marguerite, comtesse de Flandres, — Louis, duc d'Orléans (2e fils de Charles V), — Valentine de Milan, sa femme, — Charles, duc d'Orléans, son fils, — le comte Philippe de Vertus, son autre fils, — cœur du roi François Ier.

Croisillon méridional.

François Ier et Claude de France, — Béatrix de Bourbon, — Rénée d'Orléans, duchesse de Longueville.

Chapelle de saint Jean-Baptiste.

Charles V, — Jeanne de Bourbon, — Charles VI, — Isabeau de Bavière, — Du Guesclin, — Louis de Sancerre, — pierres monumentales de la bataille de Bouvines.

Il est encore question, dit-on, d'édifier un monument, une colonne ou une statue à tous les princes et princesses qui n'ont point de tombeaux en la royale église, et principalement à la lignée des Bourbons qui n'ont jamais eu à Saint-Denis la moindre inscription, dans l'église haute, qui signalât leur inhumation dans les caveaux de la crypte.

<u>1</u> Les travaux ont commencé en 1859, en vertu du décret du 18 novembre 1858, décidant que la dynastie impériale aurait son caveau funèbre à Saint-Denis.

<u>2</u> M. l'abbé Jaquemet n'a point jugé à propos de raconter l'incident curieux qui s'est produit à Saint-Denis lors du commencement des travaux du caveau impérial, et que je reproduis ici sous forme d'historiette tout à fait authentique :

Lorsqu'on ouvrit, en 1859, une tranchée devant le caveau des Bourbons pour continuer le caveau impérial, on rencontra plusieurs tombes en pierre, parfaitement scellées, de princes ou de rois mérovingiens et carlovingiens. On les ouvrit, et de ces tombes, qui ne contenaient que quelques restes informes s'échappèrent une grande quantité de mouches d'aspect très noir et de moyenne grosseur. D'abord assez engourdies, elles finirent par voler de tous côtés et allèrent tomber sur les autels et jusque dans les burettes. Presque tous les assistants en recueillirent le plus possible, soit pour les tuer, soit pour les examiner. Un chanoine, feu l'abbé Delon, en porta quelques-unes chez un naturaliste, à qui il raconta l'origine mystérieuse, ou du moins inexplicable de ces mouches. Celui-ci ne put admettre que leur existence datât tout à fait de ces bons Mérovingiens, mais il pensa que la reproduction avait dû se faire de siècle en siècle, et depuis bien longtemps, dans le silence des tombeaux Mercier, l'aimable et complaisant surveillant des travaux, mit sous verre quelques-unes de ces mouches, mais elles vécurent à peine deux heures ; il les jeta, ne se souciant pas de les conserver, car une des personnes présentes à l'ouverture des tombes avait été piquée par un de ces insectes, ce qui détermina une enflure légère, il est vrai mais bien caractérisée. A Saint Denis, on avait baptisé ces mouches du surnom de *Mouches mérovingiennes*, bien que rien ne prouve qu'elles ne soient pas aussi bien carlovingiennes et même capétiennes ! Un savant docteur de Paris à qui je racontais ce fait singulier, croyait volontiers à la très antique origine de ces mouches nées dans la pourriture même des tombeaux, vivant d'elles-mêmes, car elles se seraient mangées de générations en générations, et auraient pu se reproduire ainsi éternellement jusqu'à la consommation des siècles. Qu'il y ait là, oui ou non, apparence de vérité, l'histoire des mouches mérite de trouver place un jour, sinon dans les récits sérieux, au moins dans les chroniques légendaires de la royale abbaye.

<u>3</u> M. Henri Houssaye a déjà deux fois un nom à l'âge où les autres sortent à peine du collége — on n'oublie pas la date de sa naissance quand on l'a une fois entendue, 24 février 1848 — le nom paternel d'abord, celui qu'a illustré l'auteur du *Roi Voltaire,* et, — à nos yeux c'est son meilleur titre de gloire, — de la curieuse et exacte *Galerie du XVIIIe siècle ;* puis le nom qu'il s'est fait lui-même et du premier coup par ses publications sur l'antiquité : une *Histoire d'Apelles,* des études sur l'armée grecque, sur l'orthographe des noms grecs, sur Néron, sur Auguste, etc..

<u>4</u> ; Ces notes n'ont pas une grande importance. J'y trouve cependant un renseignement bon à signaler au sujet de l'exhumation de Turenne. Le gardien de ses restes, « cet homme vil, dit M. Lenoir dans sa note manuscrite, se permit d'ôter toutes les dents de Turenne pour les vendre à ceux qu'un spectacle aussi curieux que touchant attirait dans l'église de Saint Denis. » J'aurais préféré qu'on le jetât dans la chaux avec les autres pour lui épargner ces outrages. Mais montrer le corps du héros pour de l'argent et faire le trafic des dents qui lui restaient, voilà une idée qui ne pouvait être exploitée qu'à la désastreuse époque qui a pu tolérer qu'on l'a mît à exécution !...

<u>5</u> L'infaillible et grave *Moniteur* a eu ici une curieuse distraction ; il a imprimé 18 *janvier* 1814 !

6 Alex. Lenoir, dans les notes manuscrites du volume que m'a communiqué Henri Houssaye, donne, dit-il, la véritable version des paroles prononcées par le soldat qui s'appropria la moustache du roi. Il s'écria, en propres termes : « Je suis soldat aussi, moi ! je ne veux plus porter d'autres moustaches, et je suis sûr de vaincre ces b... de gueux d'Anglais, qui nous veulent tant de mal. » Je crois, pour ma part, que si le soldat déroba la moustache en question, il l'emporta sans rien dire. La multiplicité des possesseurs de ladite moustache donne d'ailleurs peu de vraisemblance à l'historiette ainsi racontée.

7 Curieux rapprochement, en admettant que la chose soit vraie ! La moustache du plus amoureux de nos rois considérée comme un souvenir possible de galanterie par un commissaire de police du XIXe siècle !...

8 Les vitraux en question existent encore aujourd'hui à leur même place. Ils doivent disparaître avec tous les autres et être remplacés par des copies de vitraux authentiques.

9 *Monographie de l'église royale de Saint-Denis,* par le baron de Guilhermy ; Paris, Victor Didron, éditeur, 1848 Je me suis convaincu récemment que cet excellent livre est aujourd'hui absolument introuvable Aucun libraire de Paris n'a pu me le procurer, et à la Bibliothèque impériale, elle-même, l'aimable M. Paul Chéron m'a répondu que ce livre avait été plusieurs fois « volé » à la Bibliothèque, qui l'avait fait racheter dans les ventes publiques quand il s'en était par hasard trouvé, mais que depuis quelque temps aucun exemplaire n'avait paru sur aucune table de commissaire-priseur. Avis à M. de Guilhermy, et que cela l'encourage à nous donner une nouvelle édition.

10 Cet usage nous semble avoir son explication et sa raison d'être dans cette circonstance que la mort du roi ne revêtait son caractère *officiel* que dans cet instant si solennel de la cérémonie funéraire où, le cercueil descendu dans le caveau, les officiers du roi défunt proclamaient eux-mêmes la cessation de leurs fonctions en en brisant les marques et en je-

tant les débris sur le cercueil de leur maître ; et où le héraut d'armes élevait par trois fois, du fond de la crypte, le cri : *Le roi est mort !*... Jusque-là le roi était *officiellement* vivant, son service devait donc continuer à se faire par ses officiers, qui n'avaient pas cessé d'être en fonctions.

Une coutume identique existait dans certains monastères. Les jours qui suivaient la mort d'un religieux, un crucifix était mis sur la table du réfectoire à la place qu'il occupait ; sa portion y était déposée comme elle l'était de son vivant ; on la donnait ensuite à un pauvre. Cet usage devait ici à l'aumône un caractère qui manquait à la table royale.

<u>11</u> Le roi Louis XVIII était mort le 16 septembre 1824. Voyez l'excellente *Histoire des deux Restaurations* d'Ach. de Vaulabelle, à laquelle j'emprunte ce récit. Voyez aussi, et surtout, pour les derniers moments de Louis XVIII, dans mon volume *Morts royales,* la très-curieuse relation de la mort du roi racontée par la princesse Adélaïde d'Orléans, sœur de Louis-Philippe, relation intime et familière trouvée au palais des Tuileries en février 1848, et publiée pour la première fois par M. Edouard Fournier dans la *Revue des Provinces,* laquelle a peu vécu parce qu'elle avait trop d'esprit. Le cérémonial des obsèques du roi fut copié sur celui qui fut observé aux funérailles de ses ancêtres, à peu de chose près, et je le reproduis parce que j'aime à croire que ces formes antiques ont définitivement fait leur temps.

<u>12</u> M. de Tillemont, dans ses mémoires manuscrits sur la vie de saint Louis, cite comme une fort bonne pièce une relation de la perte et du recouvrement du Saint Clou, composée par un auteur contemporain nommé Philippe de Grève, chancelier de la ville de Paris Cette relation étant restée en manuscrit dans quelque bibliothèque je n'ai pu la découvrir, quelque diligence que j'aie faite pour cela.

Note de *Félibien*.

GEORGES D'HEILLY

EXTRACTION

DES

CERCUEILS ROYAUX

A SAINT-DENIS ~~EN 1793~~

PARIS

LIBRAIRIE DE L. HACHETTE ET Cie

BOULEVARD SAINT-GERMAIN, 77

—

1868

1. Couverture
2. À propos de Collection XIX
3. Titre
4. Dédicace
5. AVANT-PROPOS - LE SAINT-DENIS DE M. VIOLLET-LE-DUC
6. LES TOMBES ROYALES DE SAINT-DENIS
   1. PREMIÈRE PARTIE - SAINT-DENIS AVANT LA RÉVOLUTION
      1. EMPLACEMENT DES TOMBEAUX - AVANT 1793
   2. DEUXIÈME PARTIE - PROFANATION DES TOMBES ET VIOLATION DES CERCUEILS ROYAUX
   3. TROISIÈME PARTIE - SAINT-DENIS DEPUIS 1793 JUSQU'A NOS JOURS
7. APPENDICES
   1. I - Trois épitaphes royales.
   2. II - Le caveau royal des Bourbons
   3. III - Le caveau impérial
   4. IV - Exhumation, faite en 1817, des restes enfouis en 1793 dans le cimetière des Valois
   5. V - Rétablissement des sépultures royales à Saint-Denis, en 1817
   6. VI - La moustache de Henri IV
   7. VII - Discours de M. de Montalembert à la chambre des pairs au sujet de la restauration de Saint-Denis
   8. VIII - Objets précieux retirés des cercueils royaux en 1793
   9. IX - Cérémonial des obsèques royales
   10. X - Funérailles de Louis XVIII
   11. XI - Extraits d'articles et de lettres de MM. Ad. Perreau et Viollet-Leduc sur le Saint-Denis actuel
   12. XII - Légende des armes de l'abbaye de Saint-Denis
   13. XIII - Emplacement actuel des tombeaux

AVANT-PROPOS - LE SAINT-DENIS DE M. VIOLLET-LEDUC	5
LES TOMBES ROYALES DE SAINT-DENIS	16
PREMIÈRE PARTIE - SAINT-DENIS AVANT LA RÉVOLUTION	17
EMPLACEMENT DES TOMBEAUX - AVANT 1793	23
DEUXIÈME PARTIE - PROFANATION DES TOMBES ET VIOLATION DES CERCUEILS ROYAUX	67
TROISIÈME PARTIE - SAINT-DENIS DEPUIS 1793 JUSQU'A NOS JOURS	101
APPENDICES	137
I - Trois épitaphes royales.	137
II - Le caveauroyal des Bourbons	138
III - Le caveau impérial	141
IV - Exhumation, faite en 1817, des restes enfouis en 1793 dans le cimetière des Valois	142
V - Rétablissement des sépultures royales à Saint-Denis, en 1817	146
VI - La moustache de Henri IV	149
VII - Discours de M. de Montalembert à la chambre des pairs au sujet de la restauration de Saint-Den	153
VIII - Objets précieux retirés des cercueils royaux en 1793	156

IX - Cérémonial des obsèques royales	158
X - Funérailles de Louis XVIII	161
XI - Extraits d'articles et de lettres de MM. Ad. Perreau et Viollet-Leduc sur le Saint-Denis actuel	163
XII - Légende des armes de l'abbaye de Saint-Denis	167
XIII - Emplacement actuel des tombeaux	172